Impressum
Verlag: BABADADA GmbH, Nedderfeld 112 , 22529 Hamburg
Geschäftsführer / Verlagsleitung: Harald Hof
Druck: Books on Demand GmbH, In de Tarpen 42, 22848 Norderstedt

Imprint
Publisher: BABADADA GmbH, Nedderfeld 112 , 22529 Hamburg, Germany
Managing Director / Publishing direction: Harald Hof
Print: Books on Demand GmbH, In de Tarpen 42, 22848 Norderstedt

škola
sukuu

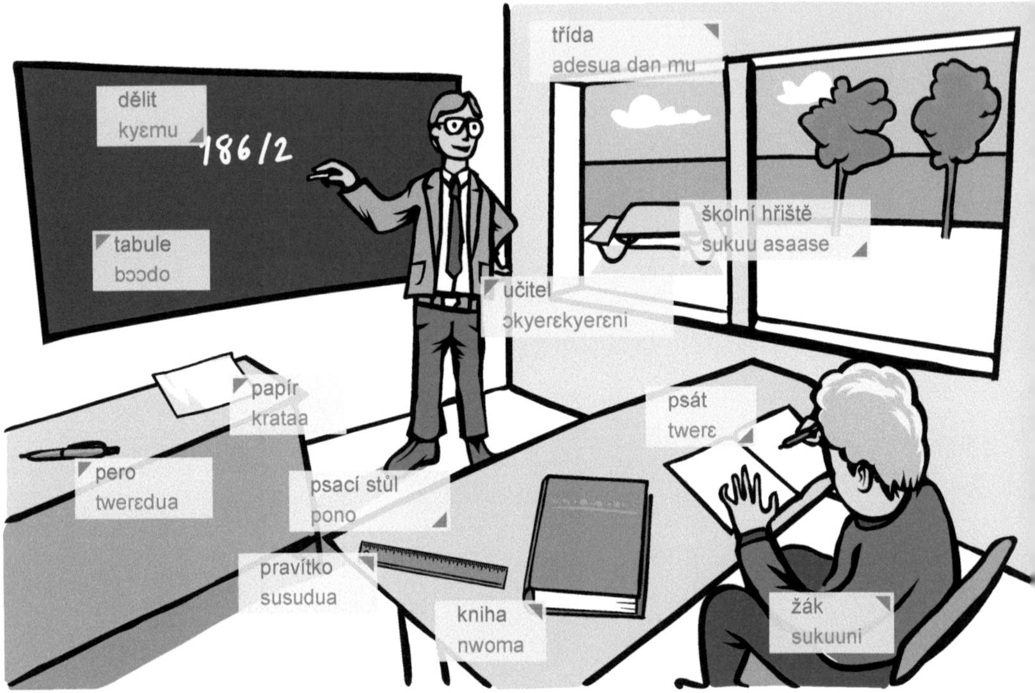

třída
adesua dan mu
dělit
kyɛmu
186/2
tabule
bɔɔdo
školní hřiště
sukuu asaase
učitel
ɔkyerɛkyerɛni
papír
krataa
psát
twerɛ
pero
twerɛdua
psací stůl
pono
pravítko
susudua
kniha
nwoma
žák
sukuuni

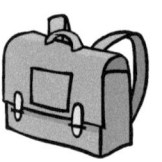

aktovka

baage

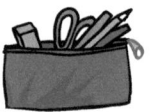

penál

adeɛ wɔde twerɛdua hyɛ mu

tužka

twerɛdua

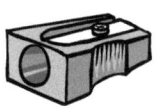

ořezávátko

adea wɔde sensene twerɛdua ano

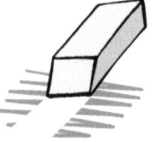

guma

rɔba

blok na kreslení

drɔɔwin nkrataa

výkres

droowin

štětec

adeɛ a wɔde bɔ akaadoo mu

malířské potřeby

akaadoo adaka

nůžky

apasoɔ

lepidlo

aduro a wɔde sɔ nnɔoma bɔ mu

cvičebnice

krataa wɔyɛ dwumadie wɔ mu

domácí úkol

efie adwuma

počet

nɔma

sčítat

ka bom

odčítat

te frim

násobit

fabaho

počítat

bo ho nkonta

písmeno

atwerɛdeɛ

abeceda

atwerɛdeɛ

hello

slovo

asɛm

text

atwerɛ

číst

kan

křída

chalk

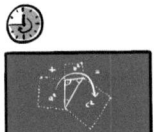

hodina

adesua

třídní kniha

krataa a din ahodoɔ wɔ mu

zkouška

nsɔhwɛ

vysvědčení

nimdeɛ krataa

školní uniforma

sukuu ataadeɛ

vzdělání

adesua

encyklopedie

encyclopedia

univerzita

suapon kɛseɛ

mikroskop

afidie a wɔde hwɛ adeɛ
aniwa ntumi nhunu

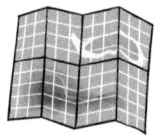

karta

asaase mfonin a ɛwɔ krataa
so

odpadkový koš na papír

kɛntɛn a wɔde krataa na ayɛ
a wɔde nwura gu mu

hotel
ahomegyebea

Grand

ubytovna
atenaeɛ

ROOMS

smĕnárna
baabi aa yɛsesa

ɛCHANGE

kufr
baage a wɔde nnɔɔma gu mu

auto
kaa

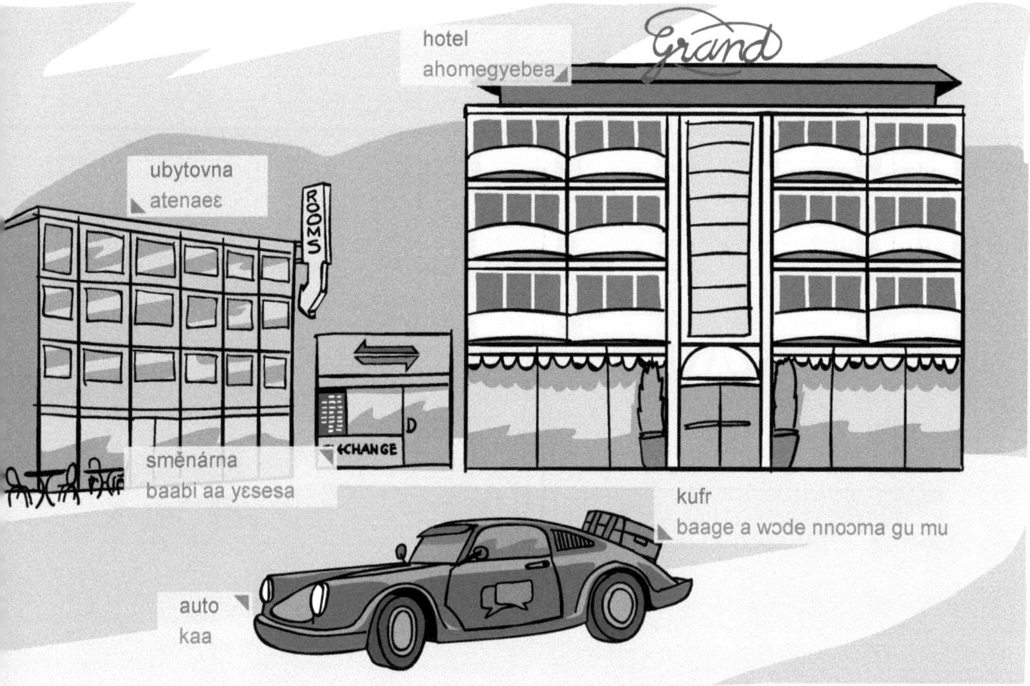

jazyk
kasa

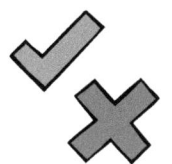

ano / ne
aane / daabi

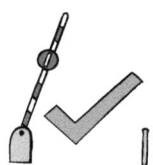

oukej
Yoo

Ahoj!
hɛlo

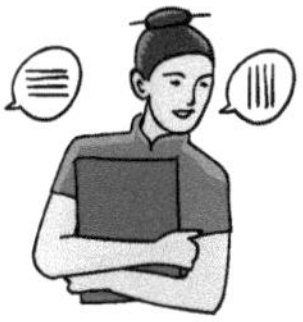

překladatel
deɛ wɔkyerɛkyerɛ kasa ase

dĕkuji
Medaase

Kolik stojí...?

... ɛyɛ sɛn?

nerozumím

Menteaseɛ

problém

ɔhaw

Dobrý večer!

Maadwo!

Dobré ráno!

Maakye!

Dobrou noc!

Da yie!

na shledanou

nante yie

směr

akwankyerɛ

zavazadlo

nnɔɔma a wɔde tu kwan

taška

kɔtɔkuo

batoh

baage a yɛde bɔ yakyi

host

ɔhɔhoɔ

pokoj

danmu

spací pytel

bag a yɛda mu

stan

ntomadan

turistické informace

adesrafoɔ nsɛm

pláž

po ano

kreditní karta

krɛdit kaade

snídaně

anopa aduane

oběd

awia aduane

večeře

anwumerɛ aduane

jízdenka

tikiti

výtah

pagya

poštovní známka

agyinahyɛdeɛ

hranice

ɛhyeɛ

clo

adwumayɛfoɔ a wɔgyina
aman mmienu hyeɛ so

poselství

ɔman bi asoeɛ

vízum

akwantuo krataa

pas

akwantuo krataa

transport
ɛhyɛn

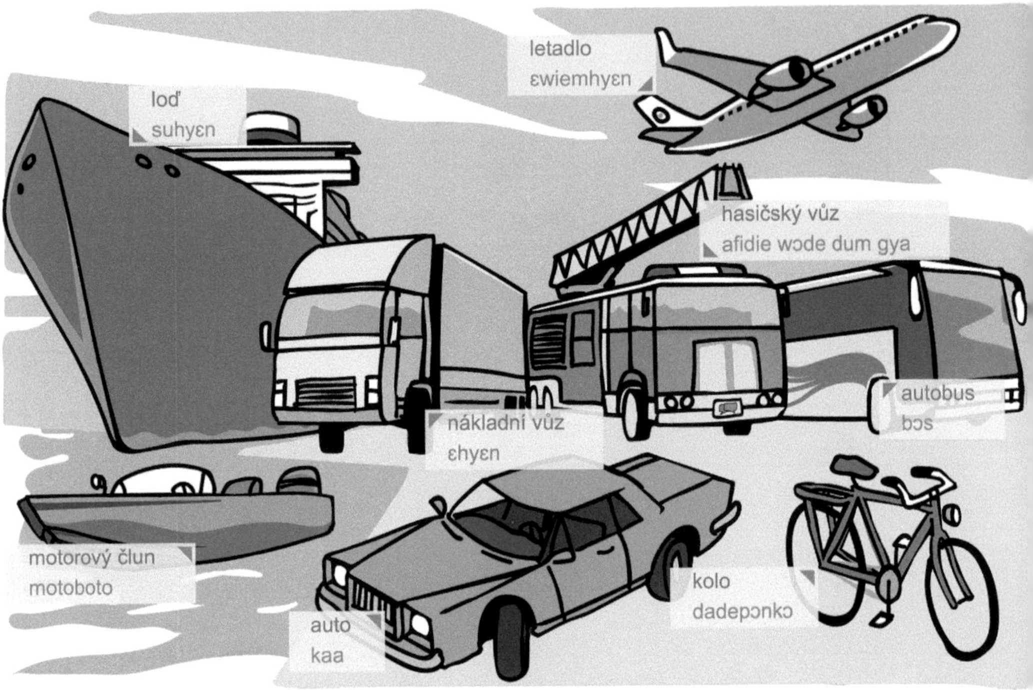
letadlo
ɛwiemhyɛn
loď
suhyɛn
hasičský vůz
afidie wɔde dum gya
autobus
bɔs
nákladní vůz
ɛhyɛn
motorový člun
motoboto
kolo
dadepɔnkɔ
auto
kaa

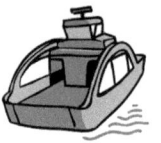

přívoz
subonto

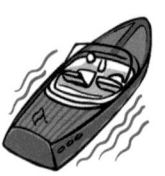

člun
suhyɛn

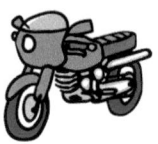

motorka
dadepɔnkɔ

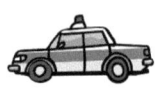

policejní auto
apolisifoɔ kaa

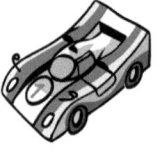

závodní auto
kaa a wɔde si akan

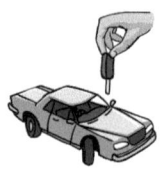

pronajaté auto
hyɛn aa yɛ hain

sdílení aut

kaa a wɔde ma obi de di dwuma

odtahová služba

kaa a wɔde twe ɛhyɛn a asɛe

popelářský vůz

bɔɔla kaa

motor

moto

palivo

ngo

čerpací stanice

beaɛ a wɔtɔn pɛtro

dopravní značka

trafik ahyɛnsodeɛ

doprava

trafik

dopravní zácpa

ɛhyɛn ntumi nkɔ ntɛm

parkoviště

kaa gyinabea

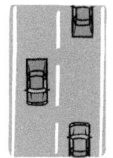

vlakové nádraží

keteke steshin

koleje

ketekye kwan

vlak

ketekye

tramvaj

ketekye

vagón

afidie a wɔtena mu wɔ wiem tu kwan

helikoptéra

ewiemhyɛn

letiště

dadeɛanoma gyinabea

věž

dan tentene

pasažér

obi a wɔforo hyɛn

kontejner

adaka

kartón

adaka

trakař

teaseɛnam

koš

kɛntɛn

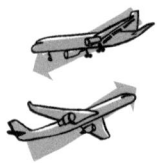

vzlétnout / přistát

tu / si fam

město

kuropɔn

vesnice

akurase

střed města

kuropɔn hyiabea

dům

efie

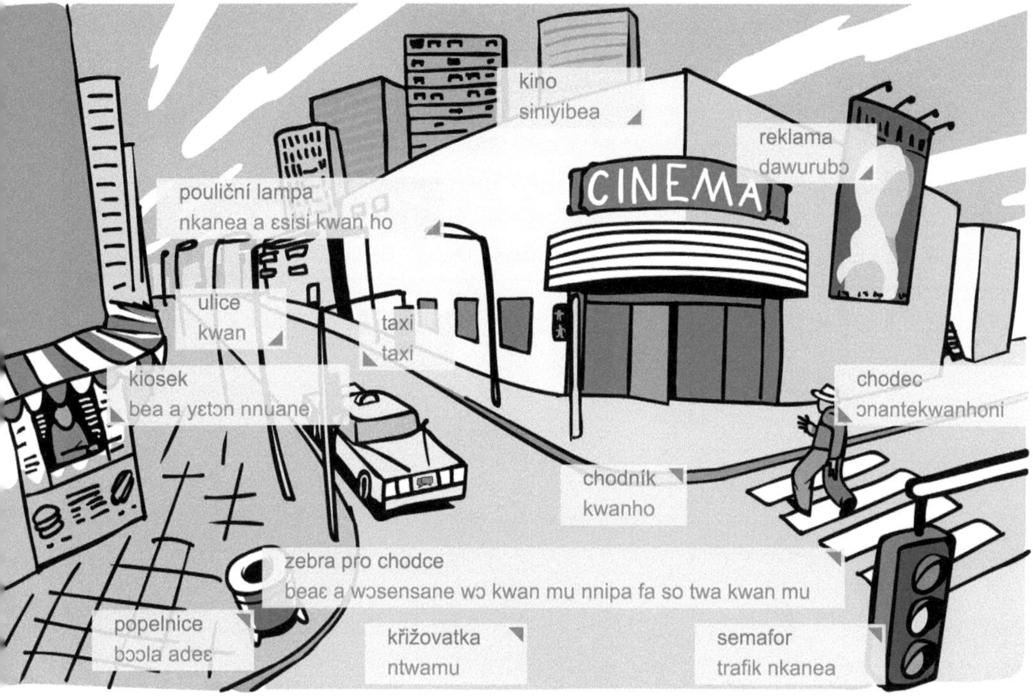

kino
siniyibea

reklama
dawurubɔ

pouliční lampa
nkanea a ɛsisi kwan ho

CINEMA

ulice
kwan

taxi
taxi

kiosek
bea a yɛtɔn nnuane

chodec
ɔnantekwanhoni

chodník
kwanho

zebra pro chodce
beaɛ a wɔsensane wɔ kwan mu nnipa fa so twa kwan mu

popelnice
bɔɔla adeɛ

křižovatka
ntwamu

semafor
trafik nkanea

chata

ntaabodan

byt

tenabea

vlakové nádraží

keteke steshin

radnice

kurom nhyiadanmu

muzeum

mesiɔm

škola

sukuu

univerzita

suapon kɛseɛ

banka

sikakorabea

nemocnice

asopiti

hotel

ahomegyebea

lékárna

beaɛ a wɔtɔn nnuro

kancelář

ɔfise

knihkupectví

beaɛ a wɔtɔn nwoma

obchod

beaɛ a wɔtɔn adeɛ

květinářství

nhwiren kuani

supermarket

dwakɛseɛmu

tržnice

dwamu

obchodní dům

asoeɛ sotɔɔ

rybárna

nnam tɔnfo

nákupní centrum

adetɔ beae

přístav

suhyɛn gyinabea

park

agodibea

lavička

akonnwa

most

nsamsɔɔ

schody

adeɛ wɔee foro aborosan

metro

asaasease

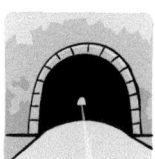

tunel

tɔkuro a w'atu no asaase
mu de ayɛ kwan

autobusová zastávka

ɛhyɛn gyinabea

bar

nsanombea

restaurace

adidibea

poštovní schránka

krataa adaka

pouliční tabule

kwan ahyɛnsodeɛ

parkovací hodiny

kaagyinaho meta

zoo

mmoakurabea

plovárna

nsuo a wɔdware mu

mešita

masalakyi

usedlost

afuo

znečišťování životního prostředí

ewiem sɛeɛ

hřbitov

nsamanpɔ mu

církev

asore

hřiště

agodibea

chrám

hyiadan

krajina

asaase

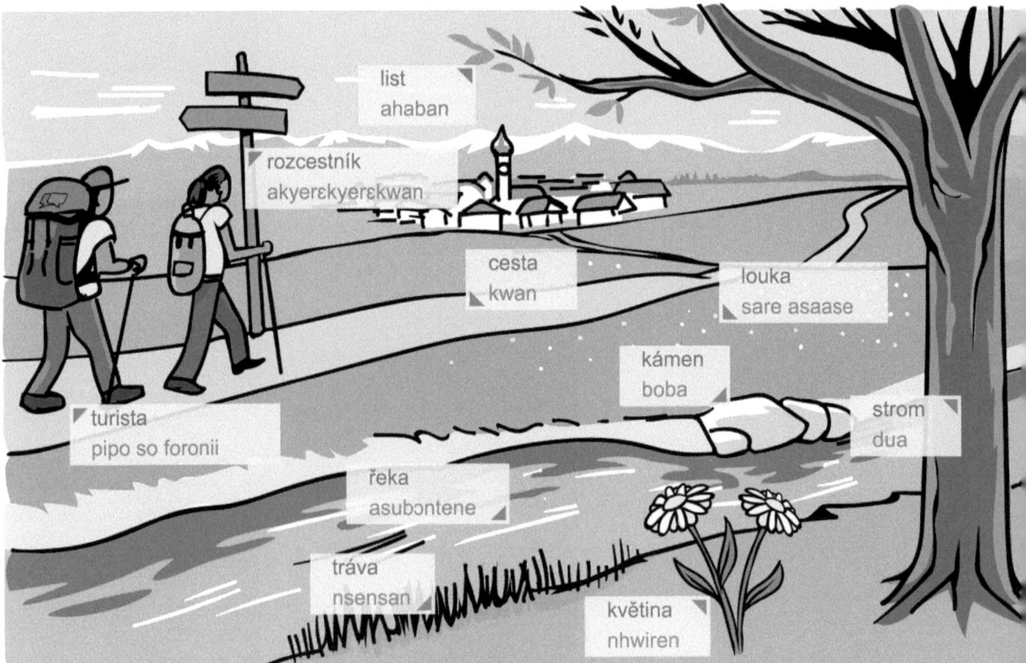

list
ahaban

rozcestník
akyerɛkyerɛkwan

cesta
kwan

louka
sare asaase

kámen
boba

strom
dua

turista
pipo so foronii

řeka
asubɔntene

tráva
nsensan

květina
nhwiren

údolí

ɛbɔn

hora

bepɔ

jezero

sutadeɛ

les

kwaeɛ

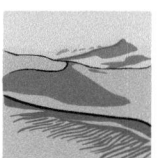

poušť

ɛserɛ so

sopka

egya a ɛfiri bepɔ mu ba

zámek

ahenfie

duha

nyankontɔn

houba

mmire

palma

abɛdua

komár

ntontom

moucha

wasena

mravenec

ntatea

včela

wowa

pavouk

ananse

brouk

kukurubibi

žába

apɔnkyerɛnee

veverka

opuro

ježek

kotoko

zajíc

adanko

sova

patuo

pták

anomaa

labuť

dabodabo

divoké prase

kɔkɔte

jelen

wansane

los

torɔm

přehrada

sutadeɛ

větrné kolo

mframa tɛɛbain

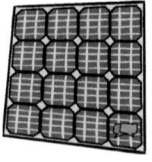

solární panel

adeɛ ɛtwe anyinam ahoden
firi awia mu

podnebí

ewiem

restaurace
adidibea

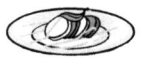

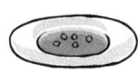

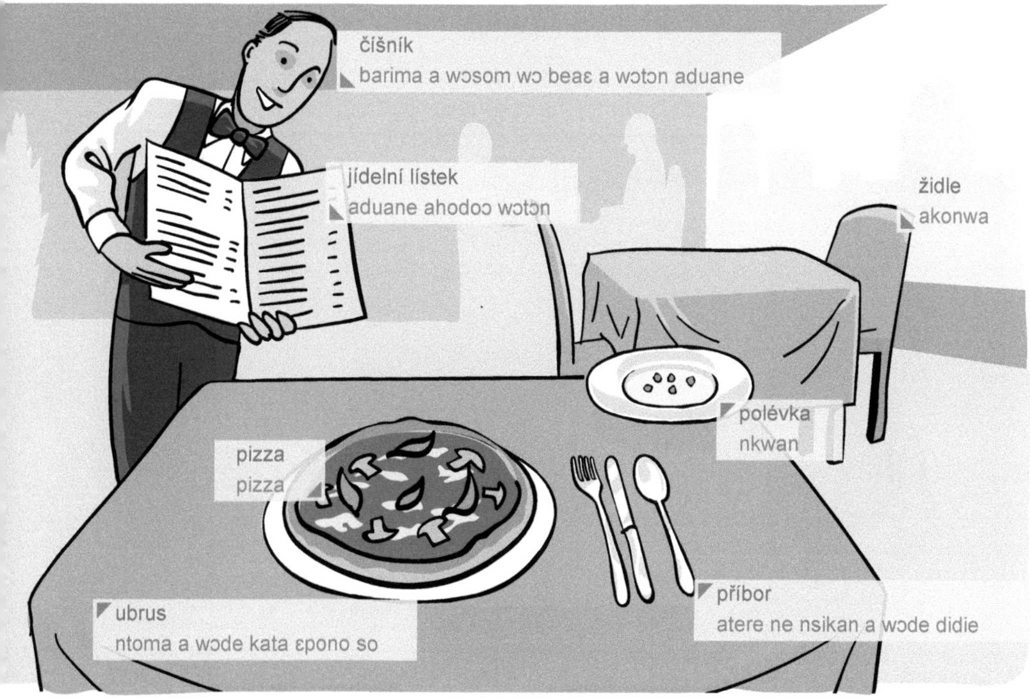

číšník
barima a wɔsom wɔ beaɛ a wɔtɔn aduane
jídelní lístek
aduane ahodoɔ wɔtɔn
židle
akonwa
polévka
nkwan
pizza
pizza
ubrus
ntoma a wɔde kata ɛpono so
příbor
atere ne nsikan a wɔde didie

předkrm

ahyɛaseɛ

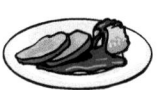

hlavní chod

aduane titriw

dezert

nnɔkɔnnɔkwade

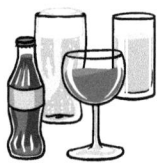

nápoje

nsa

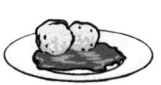

jídlo

aduane

láhev

toa

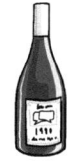

rychlé občerstvení

aduane wɔyɛ no ɔhare so

pouliční občerstvení

aduana a ɛyɛ kwan ho

čajová konvice

tea kukuo

cukřenka

asikyire kyɛnsen

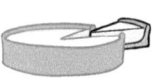

porce

fa

kávovar na espresso

espresso afidie

dětská stolička

akonwa tenten

faktura

ka krataa

tác

apanpan

nůž

sikanmoa

vidlička

adinam

lžíce

atere

čajová lyžička

tea atere

ubrousek

ntoma a wɔde sɛ pono so

sklenička

ahwehwɛ

restaurace - adidibea

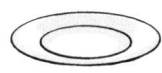

talíř
·············
plɛɛte

talíř na polévku
·············
nkwan plɛɛte

podšálek
·············
plɛte ketewa

omáčka
·············
frɔyɛ

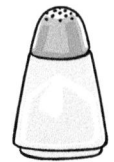

slánka
·············
nkyene kukuo

mlýnek na pepř
·············
adeɛ a wɔde twi mako

ocet
·············
vinegar

olej
·············
anwa

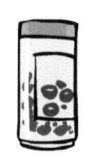 

koření
·············
atosodeɛ

kečup
·············
ketchup

hořčice
·············
sinapi aba

majonéza
·············
mayonis

supermarket
dwakɛseɛmu

nabídka
akwanya soronko
FOR
zákazník
obi a wɔtɔ wadeɛ
mléčné výrobky
milikyi nnuane
ovoce
nnuaba
adeɛ pia berɛ a wɔretɔ adeɛ

BUTCHERS

masna

nnamtwafo

BAKERY

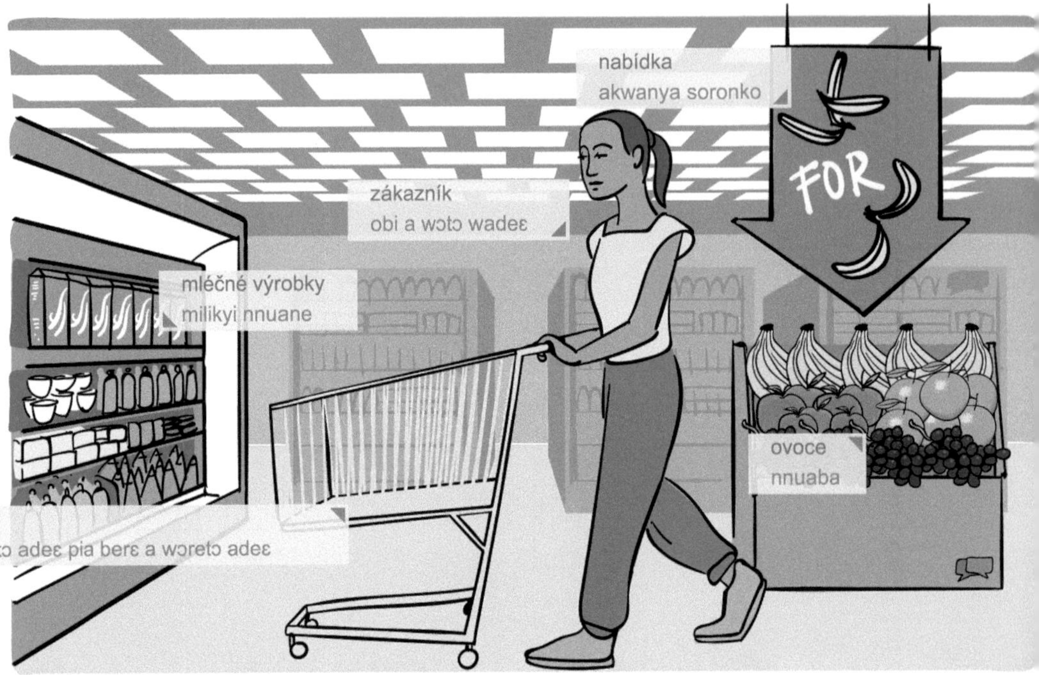

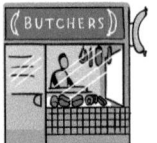

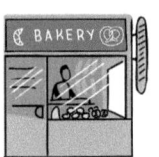

pekařství

brodotofo

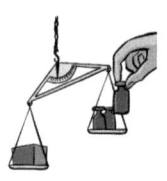

vážit

susu

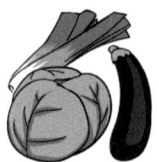

zelenina

atosodeɛ

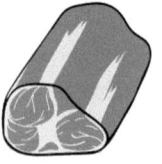

maso

nnam

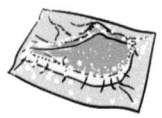

mražené potraviny

aduane a wɔde ahyɛ sukɔtwea adaka mu

obložený talíř

nnam a yɛy nwunu

konzervy

nnuane a ɛwɔ konku mu

prací prášek

aduro a wɔde si nnɔɔma

cukrovinky

adɔkɔkɔdɔkɔdeɛ

výrobky pro domácnost

efie nnɔɔma

čisticí prostředek

nnuro a wɔde hohoro
nnɔɔma ho

prodavačka

adetɔni

pokladna

adeɛ a wɔgye sika de gu mu

pokladní

obi a wɔhwɛ sika so

nákupní seznam

nnɔɔma a wobɛtɔ

otevírací doba

mmerɛ a ɔmo de bue

peněženka

kɔtɔkuo

kreditní karta

krɛdit kaade

taška

bɔtɔ

igelitová taška

rɔba bɔtɔ

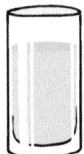

voda

nsuo

džus

aduaba mu nsuo

mléko

milikyi

kola

coke

víno

nsa

pivo

beer

alkohol

nsaden

kakao

kookoo

čaj

tea

káva

kɔfe

espresso

espresso

kapučíno

cappuccino

banán

kwadu

jablko

aprɛ

pomeranč

akutuo

meloun

mɛlɔn

citrón

akutuo

mrkev

karɔt

česnek

galeke

bambus

mpampuro

cibule

gyeene

houba

mmire

ořechy

nkateɛ

těstoviny

talia

špageti

talia

rýže

εmo

salát

salad

hranolky

kyips

americké brambory

aborodwomaa w'akye

pizza

pizza

hamburger

hamburger

sendvič

sandwioh

řízek

ntwetwade

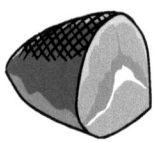

šunka

prεko nam

salám

salami

salám

sɔsegye

kuře

akokɔnam

pečeně

toto

ryby

nsuomunam

ovesné vločky

oats koko

müsli

muesli

vločky

cornflakes

mouka

esam

croissant

croissant

houska

brodo a yabobɔ

chléb

brodo

toast

ho

sušenky

biskit

máslo

bɔta

tvaroh

koko

buchta

ɔfam

vejce

kosua

volské oko

kosua a yakye

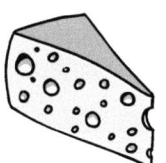

sýr

kyeese

zmrzlina

ise krim

cukr

asikyire

med

ɛwoɔ

marmeláda

ɛam

nugátový krém

kyɔkolate a wɔde yɛ aduane mu

kari

kɔri

usedlost
afuo

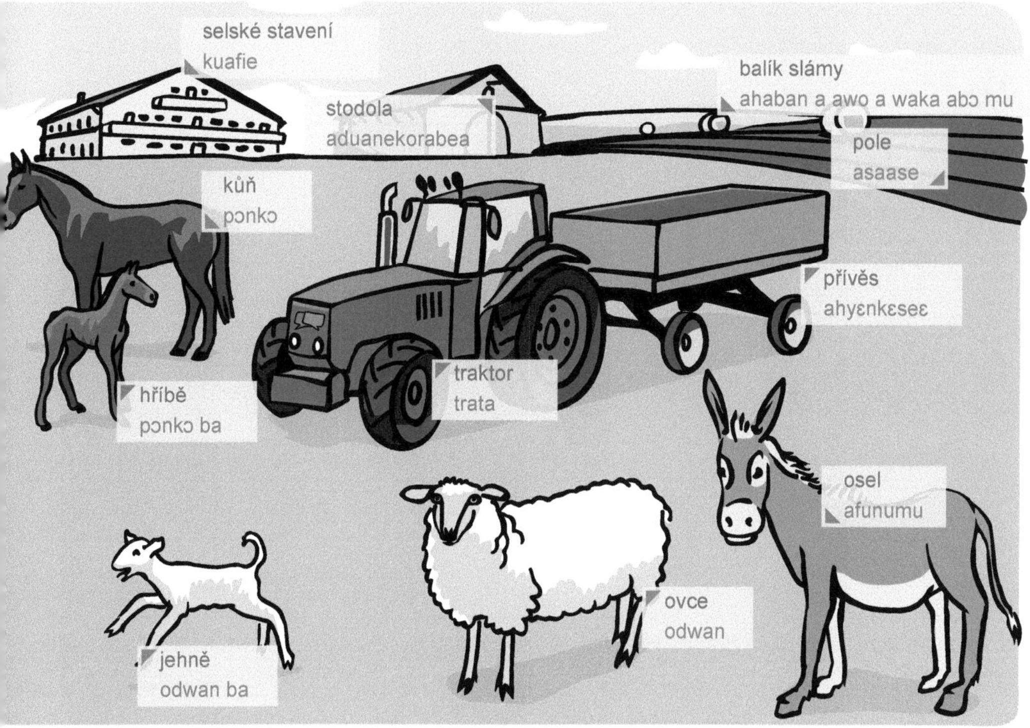

selské stavení
kuafie
stodola
aduanekorabea
balík slámy
ahaban a awo a waka abɔ mu
pole
asaase
kůň
pɔnkɔ
přívěs
ahyɛnkɛseɛ
traktor
trata
hříbě
pɔnkɔ ba
osel
afunumu
ovce
odwan
jehně
odwan ba

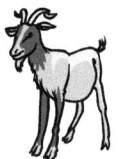

koza

apɔnkye

kráva

nantwie

tele

nantwie ba

prase

prɛko

sele

prɛko ba

býk

nantwinini

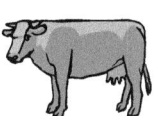

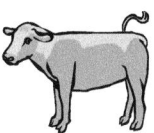

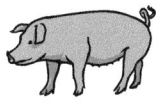

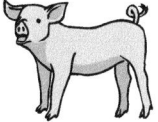

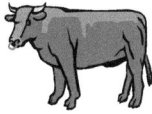

husa

dabodabo

kachna

dabodabo

kuře

akokɔba

slepice

akokɔbedeɛ

kohout

akokɔnini

krysa

akura

kočka

agyinamoa

myš

akura

vůl

nantwi

pes

ɔkraman

psí bouda

kramanfie

zahradní hadice

drobɛn a wɔde nsuo fa mu
gugu nnooma so

kropicí konev

toa wɔde nsuo gu mu de
gugu nnooma so

kosa

kantankrankyi

pluh

afidie a wɔde funtum
asaase ani

srp

sɔsɔwa

motyka

asɔ

vidle

fɔɔki kɛseɛ

sekera

akuma

kolecko

hweebaro

koryto

adea mmoa didi mu

konev na mléko

milikyi konku

pytel

kotoku

plot

ɛban

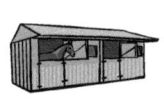

stáj

mmoa dan

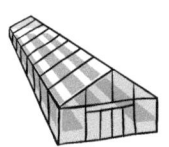

skleník

nnuaba dan mu

půda

anwea

osivo

aba

hnojivo

nnuro a wɔde gu mfudeɛ ho

kombajn

nnuanetwa kaa kɛse

sklidit

twa

sklizeň

mfudeɛ

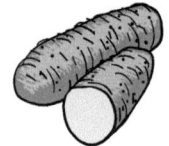

smldinec

bayerɛ

pšenice

ayuo

sója

soya

brambora

aborɔdwomaa

kukuřice

aburo

řepka

rapedua aba

ovocný strom

aduaba dua

maniok

bankye

obilí

aburo aduane

komín
ɛdan a wisie firi n'apampam ba

střecha
cocɔɛm mmɔsoɔ

okap
drobɛn a nsuo fa mu

okno
mpoma

garáž
ɛdan a wɔkora kaɛ

zvonek
adɔma a ɛsɛn ɛpono ano

dveře
ɛpono

popelnice
adeɛ a wɔde bɔɔla gu mu

dopisní schránka
krataa adaka

zahrada
turo

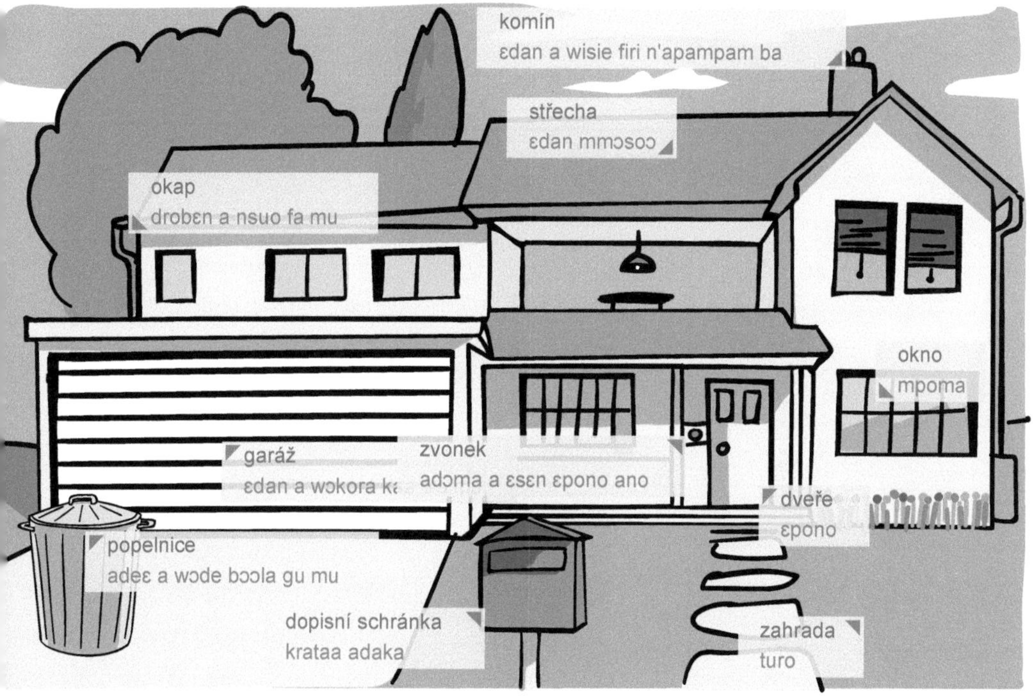

obývací pokoj

ɛdan a wɔtena mu

koupelna

adwareɛ

kuchyně

gyaade

ložnice

piam

dětský pokoj

abɔfra dan mu

jídelna

ɛdan a wɔdidi wɔ mu

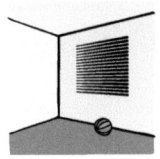

podlaha

fam

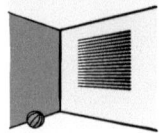

zeď

ɛban

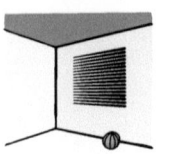

deka

siilin

sklep

ɛdan a ɛhyɛ fam

sauna

beaɛ a wɔkɔto hyew

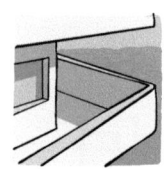

balkón

pɔɔkye

terasa

asaase a wafuntum na
wɔde dua nnɔbaeɛ

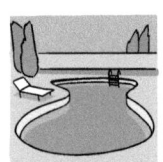

bazén

nsuo a wɔdware mu

sekačka na trávu

afidie a wɔde dɔ

ložní prádlo

krataa

lůžková přikrývka

nnasɔɔ

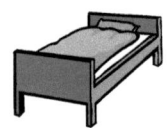

postel

mpa

smeták

praeɛ

kýbl

bɔkiti

vypínač

deɛ wɔde sɔ kanea

obývací pokoj
ɛdan a wɔtena mu

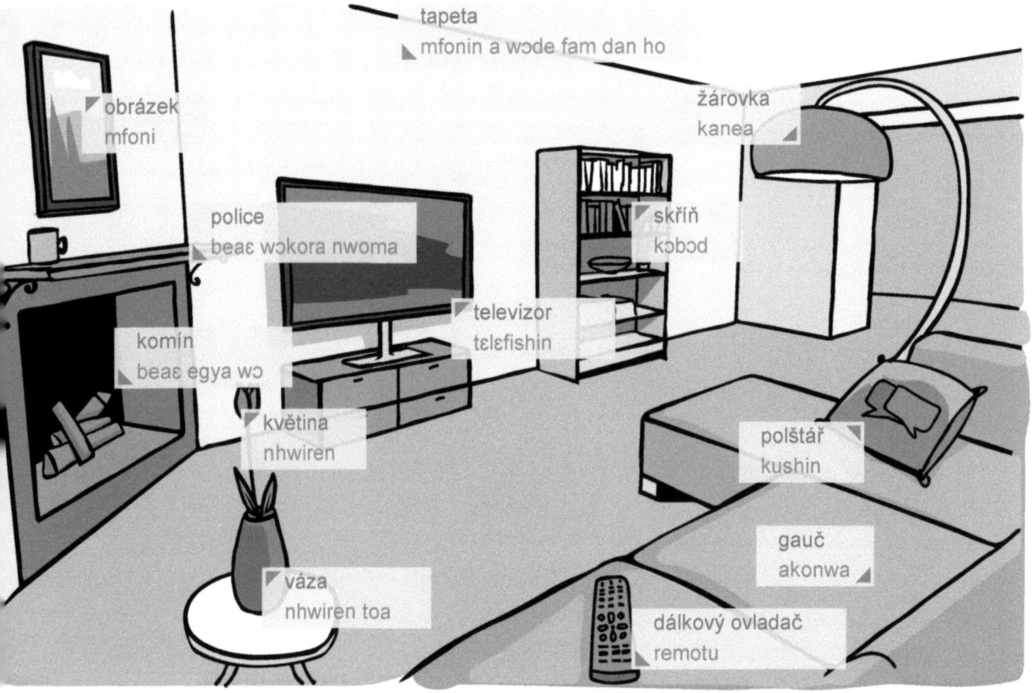

tapeta
mfonin a wɔde fam dan ho
obrázek
mfoni
žárovka
kanea
police
beaɛ wɔkora nwoma
skříň
kɔbɔd
televizor
tɛlɛfishin
komín
beaɛ egya wɔ
květina
nhwiren
polštář
kushin
gauč
akonwa
váza
nhwiren toa
dálkový ovladač
remotu

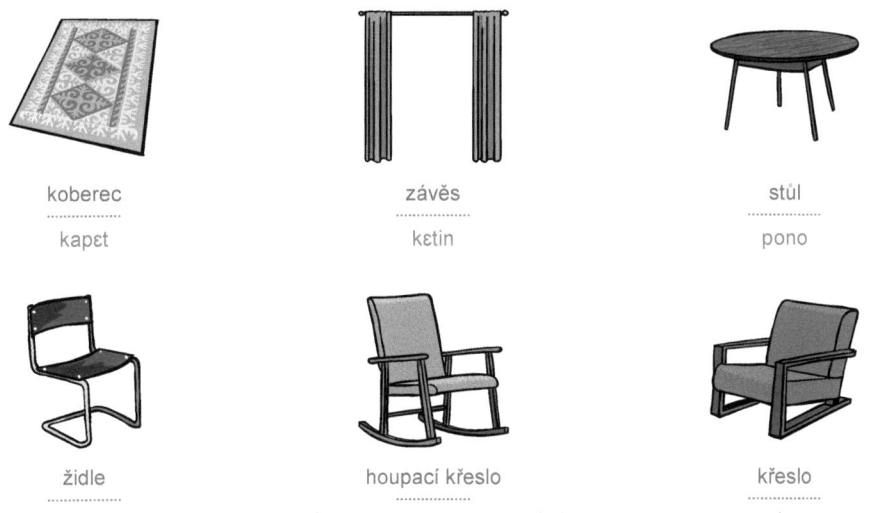

koberec

kapɛt

závěs

kɛtin

stůl

pono

židle

akonwa

houpací křeslo

akonwa aa ɛkɔ anim ne akyi

křeslo

nsaakonwa

kniha

nwoma

strop

kuntu

ozdoba

beaɛ asiesie

palivové dříví

egya

film

mfoni

stereo souprava

hi-fi afidie

klíč

safoa

noviny

dawurubɔ krataa

malba

akaado

plakát

mfoni

rádio

akasanoma

poznámkový blok

nwoma a wɔtwerɛ nsɛmpɔ
gu mu

vysavač

afidie a wɔde pra mfuturo

kaktus

cactus

svíce

kandele

kuchyně
gyaade

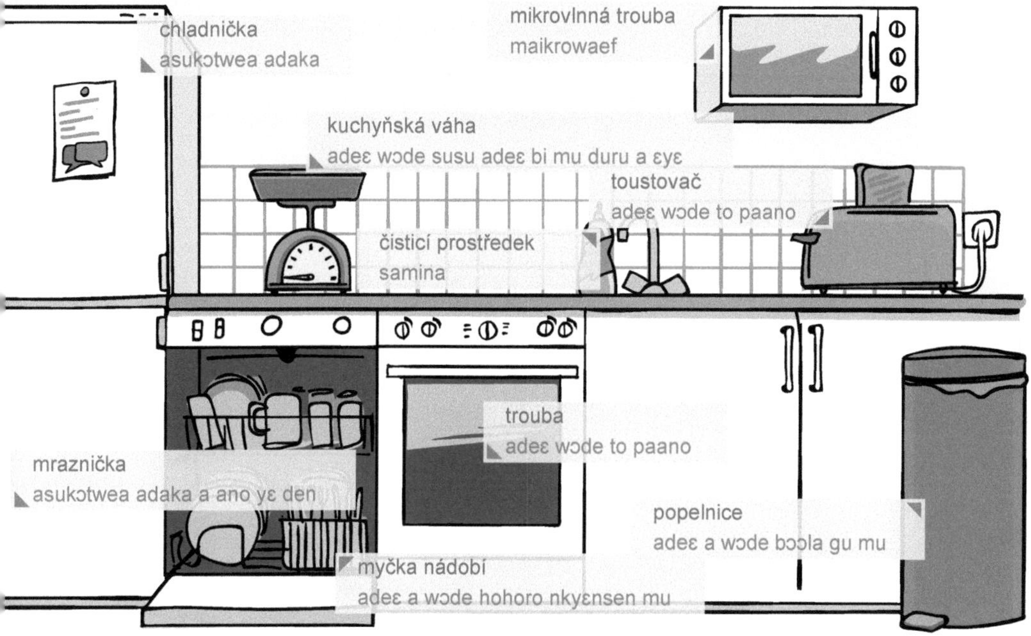

chladnička
asukɔtwea adaka
mikrovlnná trouba
maikrowaef
kuchyňská váha
adeɛ wɔde susu adeɛ bi mu duru a ɛyɛ
toustovač
adeɛ wɔde to paano
čisticí prostředek
samina
trouba
adeɛ wɔde to paano
mraznička
asukɔtwea adaka a ano yɛ den
popelnice
adeɛ a wɔde bɔɔla gu mu
myčka nádobí
adeɛ a wɔde hohoro nkyɛnsen mu

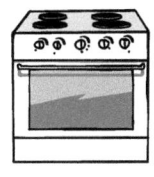

sporák

adeɛ a wɔde noa aduane

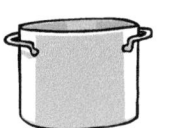

hrnec

kukuo

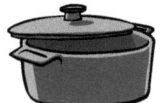

litinový hrnec

dadesɛn

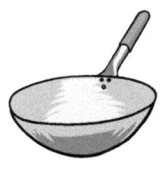

wok / kadai

wok / kadai

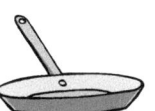

pánev

pan

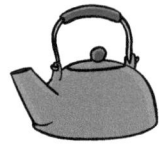

varná konvice

adeɛ wɔde noa nsuo

parní hrnec

nea yɛde ka aduane hye

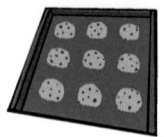

plech na pečení

adeɛ wɔto so paano

nádobí

nkyɛnsen a wɔdidi mu

hrnek

kuruwa

miska

kyɛnsen

jídelní hůlky

nnua a wɔde didie

naběračka

kwantere

obracečka

atere

metla

adeɛ wɔde nu adeɛ mu

síto

sɔneɛ

cedník

sɔneɛ

struhadlo

adeɛ a wɔde twi adeɛ

hmoždíř

waduro

gril

adeɛ a wɔde toto nam

ohniště

egya a biribiara mmɔ ho ban

kuchyně - gyaade

prkénko na krájení

adeɛ a wɔtwitwa so nnɔɔma

váleček na těsto

adea wɔde twi nnɔɔma

vývrtka

adeɛ a wɔde tu toa ano

dóza

konku

otvírák na konzervy

adeɛ wɔde bie konku so

chňapka

nea yɛde sɔ kukuo mu

umyvadlo

adeɛ a wɔhohoro nkyɛnse wɔ mu

kartáč na nádobí

adeɛ a wɔde twitwi

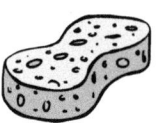

houba

sapɔ

mixér

afidie wɔde yam nnuane

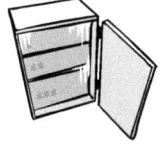

mrazák

asukɔtwea adaka a ano yɛ den

dětská lahev

abɔfra toa

kohoutek

nsuo

kuchyně - gyaade

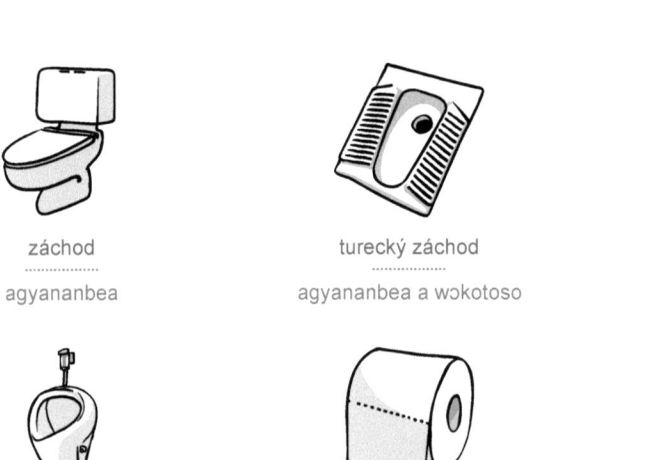

koupelna

adwareɛ

topení
reka no hye
sprcha
adwareɛ
ručník
taworo
sprchový závěs
adwareɛ twamutam
pěnová koupel
redware wɔ ahuro mu
vana
adeɛ wɔda mu de dware
sklenička
ahwehwɛ
pračka
afidie a wɔde si nnoɔma
kohoutek
nsuo
obkladačky
tiles
nočník
kuruwaba
umyvadlo
adeɛ a wɔhohoro nkyɛnse wɔ mu

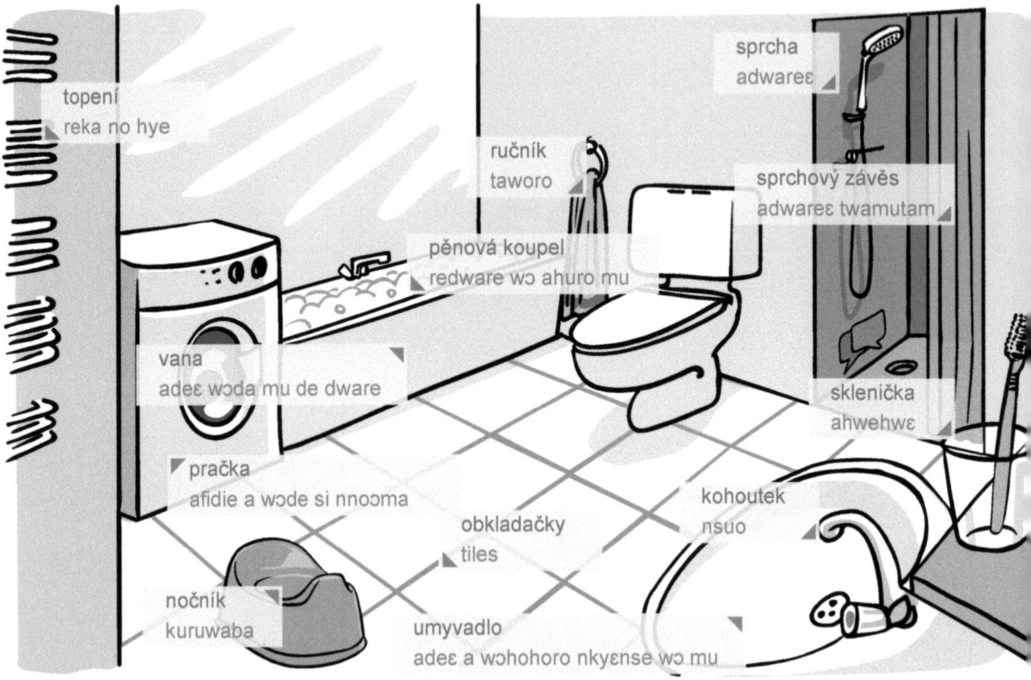

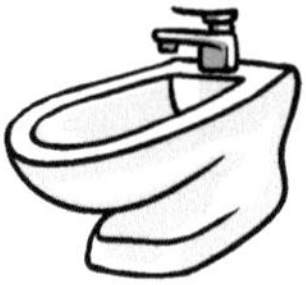

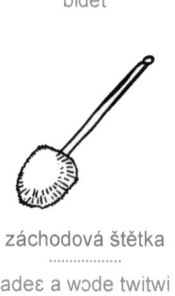

záchod

agyananbea

turecký záchod

agyananbea a wɔkotoso

bidet

bidet

pisoár

dwonsɔbea

toaletní papír

tiafi krataa

záchodová štětka

adeɛ a wɔde twitwi agyanbea

zubní kartáček

adeɛ wɔde twitwiri ɛse

zubní pasta

aduro wɔde twitwiri ɛse

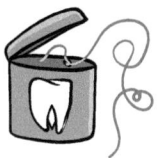

zubní niť

adeɛ wɔde yiyi ɛse ntam

mýt

si

ruční sprcha

adeɛ wɔsɔ mu de dware

intimní sprcha

adeɛ nsuo fa mu na wɔde hohoro mmaa ase

umyvadlo

adeɛ wɔsi nnooma wɔ mu

kartáč na záda

adeɛ wɔde twitwi yakyi

mýdlo

samina

sprchový gel

adwareɛ samina

šampón

deɛ wɔde hohoro tirinwii mu

žínka

ntoma wɔde asaawa na ayɛ

odpad

nsuokwan

krém

nkuu

deodorant

aduro a wɔde fa mmɔtoamu

zrcadlo

ahwehwɛ

kosmetické zrcátko

ahwehwɛ kumaa

holicí strojek

yiwan

pěna na holení

aduro a wɔde yi

voda po holení

aduro a wɔde sera beaɛ
wayi

hřeben

afe

kartáč

brɔsh

fén

afidie a wɔde ka nwii ma no
wo

lak na vlasy

adeɛ wɔde aduro gu mu de
gu nwii so

makeup

adeɛ wɔde yɛn wɔn anim

rtěnka

adeɛ wɔde keka ano

lak na nehty

aduro a wɔde ka mmɔwerɛ
so

vata

asaawa

nůžky na nehty

apasɔɔ a wɔde twitwa
mmɔwerɛ

parfém

aduham

taška s toaletními potřebami

baage a wɔde nnooma gu mu wɔ adwareɛ

stolička

akonwa

váha

afidie a wɔde susu adeɛ bi mu duro

župan

ataadeɛ wɔhyɛ berɛ a wɔrekɔdware

gumové rukavice

adeɛ wɔde hyɛ wɔn nsa a wɔde rɔba na ayɛ

tampón

adeɛ wɔde twe nsuo firi pirakuro mu

dámská vložka

deɛ mmaa de siesie wɔn ho berɛ wɔn abu wɔn nsa

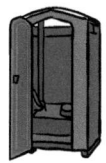

chemická toaleta

agyananbea a wɔde nnuro kora

dětský pokoj
abɔfra dan mu

budík
berɛkyerɛfoɔ a ɛtumi yɛ dede
plyšová hračka
agodiaba a wɔde to wɔn nkyɛn da
autíčko
kaa agodiaba
chrastítko
akasaa
domeček pro panenky
beaɛ a wɔtɔn agodiaba pii
dárek
akyedeɛ

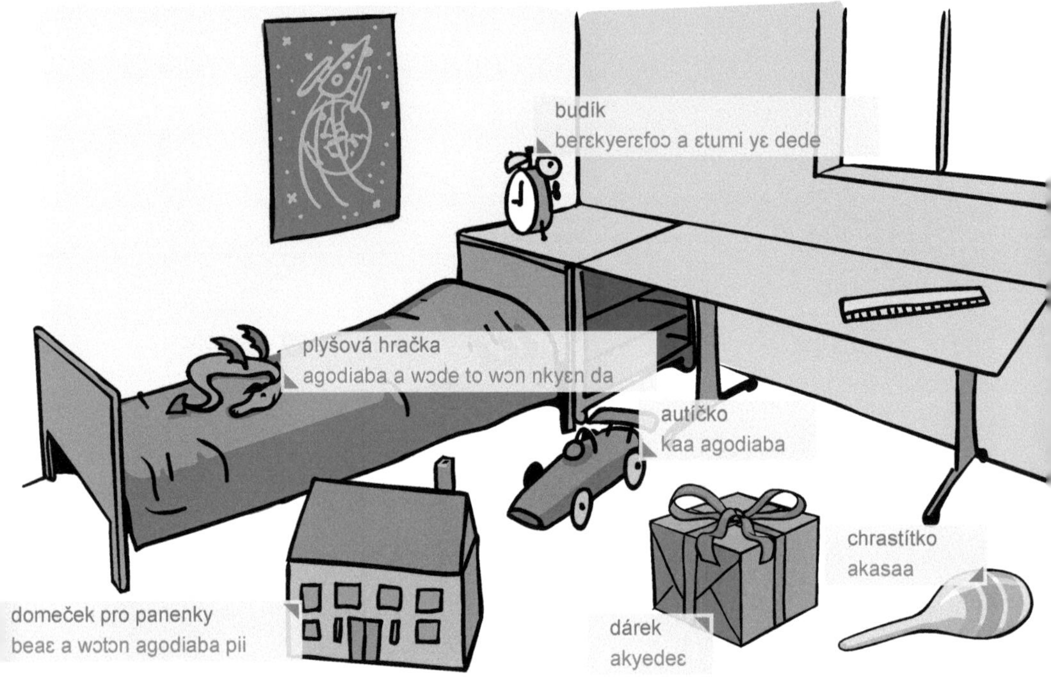

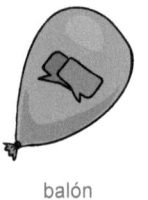

balón
baluu

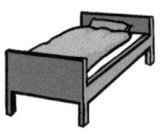

postel
mpa

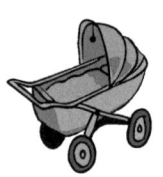

kočárek
adeɛ a wɔde mmɔfra to mu pia wɔn

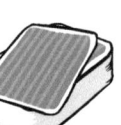

balíček karet
nkrataa a ɛhyɛ adaka mu

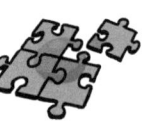

puzzle
mfonin asiniasini a wckeka si ani hyehyɛ

SUPER
MEGA
komiks
mmɔfra aseresɛm nwoma

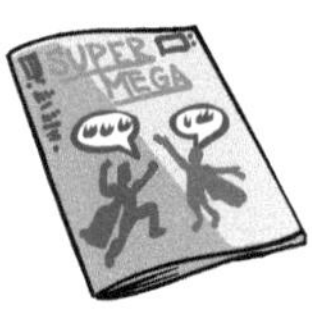

lego kostky

lego bricks

stavebnice

blɔks a wɔde si dan

akční figurka

mmɔfra agodiaba

dupačky

mmɔfra ataade a wɔayɛ abɔ mu

frisbee

frisbee

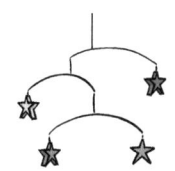

závěsné hračky nad postýlku

agodiaba a wɔde sensɛne mmɔfra mpa so

desková hra

agorɔ a ɛwɔ pono so

kostky

ludu aba

modelová železnice

ketekye ketewa

dudlík

adeɛ a wɔde hyɛ mmɔfra anumu

oslava

apontoɔ

obrázková kniha

krataa mfonin wɔ mu

míč

bɔɔlo

panenka

agodiaba

hrát si

di agorɔ

pískoviště

adeɛ wɔde anwea agu mu a
mmɔfra di mu agorɔ

houpačka

adonko

hračky

agodiaba

hrací konzole

afidie abɛɛfo agodie wɔ so a
wɔbɔ

tříkolka

dadepɔnkɔ a ne nan yɛ
mmiensa

medvídek

sisire agodiaba

šatník

wɔdrop

oblečení

ataadeɛ

ponožky

adeɛ a wɔhyɛ ansa na
wahyɛ mpaboa

punčochy

ataade tenten a wɔhyɛ wɔ
wɔn nan ho

punčochové kalhoty

ataadeɛ a ɛkyekyere deɛ
wahyɛ no

šála
duku

deštník
kyiniɛ

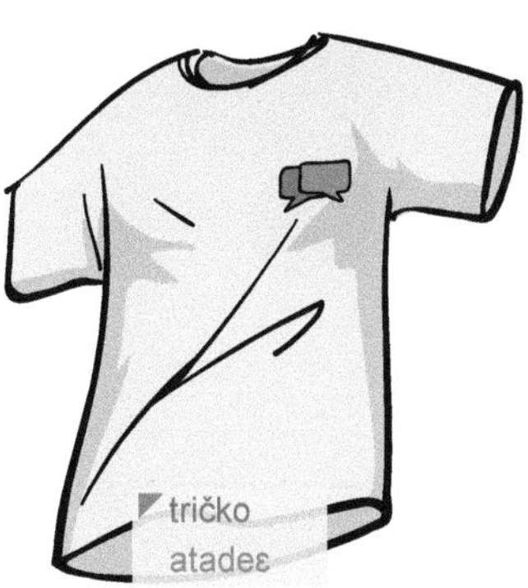

pásek
abɔɔmu

tričko
atadeɛ

tenisky
mpaboa

kozačky
mpaboa

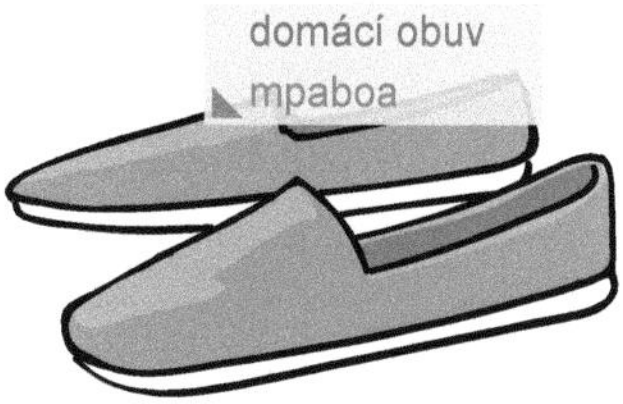

domácí obuv
mpaboa

sandály
mpaboa

obuv
mpaboa

holínky
rɔba mpaboa

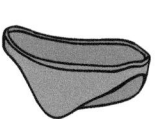

spodní prádlo
drɔs

podprsenka
adeɛ mmaa hyɛ de kora
wɔn nufu

nátělník
fɛst

body

nipadua

kalhoty

trɔsa

džíny

gyins

sukně

skɛɛte

blůza

mmaa ataade soro

košile

ataadesoro

svetr

swata

mikina

ataadeɛ a ɛkyɛ wɔ mu

blejzr

kootu

bunda

ataade ngusoɔ

kabát

kootu

pláštěnka

ataadeɛ wɔhyɛ berɛ nsuo
retɔ

kostým

ataadehyɛ

šaty

ataadeɛ

svatební šaty

ayifrɔ atadeɛ

oblečení - ataadeɛ

oblek

ataade nkatasoɔ

noční košile

ataadeɛ a yɛhyɛ de da

pyžamo

pigyamas

sárí

sari

šátek na hlavu

duku

turban

duku

burka

ataadeɛ Nkramofoɔ mmaa
hyɛ na ɛkata wɔn tiri so de
kɔsi wɔn nan ase

kaftan

kaftan

abája

abaya

plavky

ataadeɛ a wɔhyɛ de dware
nsuo mu

pánské plavky

nika

kraťasy

nika

teplákova souprava

traksuit

zástěra

ntoma a wɔde kata wɔn
kɔnmu berɛ wɔreyɛ aduane

rukavice

adeɛ wɔde hyɛ wɔn nsa

knoflík

batin

brýle

ahwehwɛniwa

náramek

adeɛ wɔde to wɔn nsa

náhrdelník

kɔnmuade

prsten

kawa

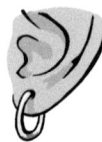

náušnice

asomadeɛ

čepice

ɛkyɛ

ramínko

adeɛ a wɔde kootu hyɛ so

klobouk

ɛkyɛ

kravata

abɔɔmenemu

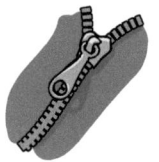

zip

zip

helma

ɛkyɛ a wɔhyɛ de twi motosakre

kšandy

bresis

školní uniforma

sukuu ataadeɛ

uniforma

ataadeɛ

bryndák

adeɛ a wɔde gu abɔfra kɔn
mu berɛ a wɔredidi

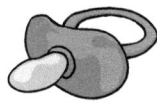

dudlík

adeɛ a wɔde hyɛ mmɔfra
anumu

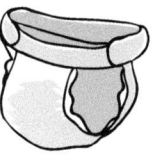

plena

moase tam

kancelář

ɔfise

kartotéka
adaka a yɛde nkrataa hyɛhyɛ mu

server
sɛva

papír
krataa

tiskárna
printa

monitor
mɔnita

psací stůl
pono

myš
mouse

šanon
nwoma a wɔde nkrataa hyehyɛ mu

klávesnice
keebɔdo

apír
a na ayɛ a wɔde nwura gu mu

počítač
kɔmputa

židle
akonwa

hrnek na kávu

kɔfe kuruwa

kalkulačka

afidie a wɔde bu nkonta

internet

intanɛt

notebook

laptɔp

dopis

krataa

zpráva

nkratɔɔ

mobil

mobile

síť

nɛtwɛk

kopírka

fotokɔpia

software

sɔftwɛɜ

telefon

tetefon

zásuvka

plɔg sɔkɛti

fax

fax afidie

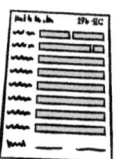

formulář

krataa

dokument

krataa

nakupovat

tↄ

zaplatit

tua

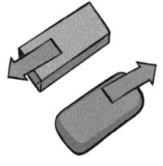

jednat

tↄn

peníze

sika

USD

dolar

dollar

EUR

euro

euro

JPY

jen

yen

RUB

rubl

rouble

CHF

frank

Swiss franc

CNY

juan

renminbi yuan

INR

rupie

rupee

bankomat

sikabea

směnárna

baabi aa yɛsesa

zlato

sikakɔkɔɔ

stříbro

dwetɛ

olej

ngo

energie

ahoɔden

cena

ne boɔ

smlouva

nteaseɛ a ɛwɔ krataa so

daň

ɛtoɔ

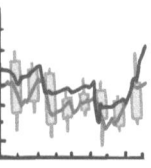

akcie

stock

pracovat

yɛ adwuma

zaměstnanec

odwumayɛni

zaměstnavatel

obi a wafa obi adwumamu

továrna

afidihyehyɛbea

obchod

beaɛ a wɔtɔn adeɛ

povolání
nnwuma ahodoɔ

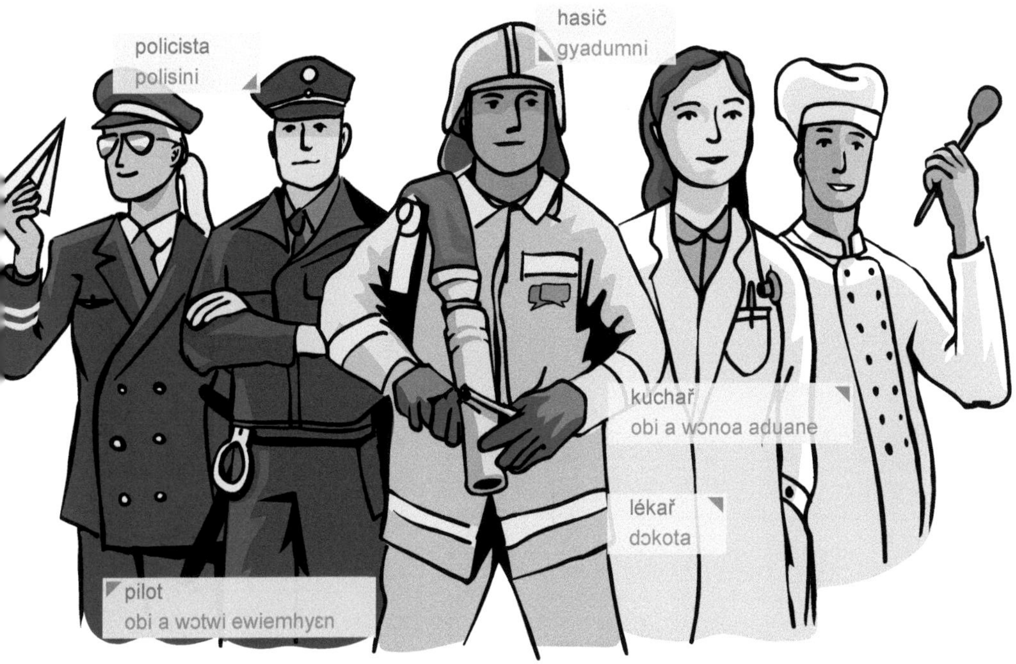

policista
polisini
hasič
gyadumni
kuchař
obi a wɔnoa aduane
lékař
dɔkota
pilot
obi a wɔtwi ewiemhyɛn

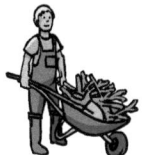

zahradník
kuani

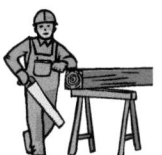

truhlář
nnuaseni

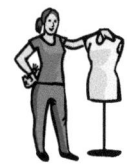

švadlena
ɔbaa a wɔpam adeɛ

soudce
otɛnmuani

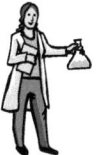

chemik
dufrani

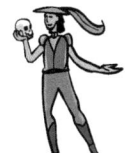

herec
siniyifoɔ

řidič autobusu

hyɛnkani

řidič taxi

taxi drɔba

rybář

ɔfarifo

uklízečka

ɔbaa wɔpopa beaɛ

pokrývač

obi a wɔbɔ dan so

číšník

barima a wɔsom wɔ beaɛ a
wɔtɔn aduane

myslivec

ɔbɔmɔfo

malíř

obi wɔde akaado keka ɛden
ne nnɔɔma aka ho

pekař

brodotofo

elektrikář

obi a wɔyɛ nkaneɛ ho
adwuma

stavební dělník

dansifo

inženýr

obi a wɔyɛ mfidie akɛseɛ ho
adwuma

řezník

namtɔnfo

klempíř

obi a wɔhyehyɛ drobɛn a
nsuo fa mu

listonoš

obi a wɔde nkrataa a
amanfoɔ atwerɛ soma no

voják

ɔsrani

architekt

obi a wɔyɛ adansie ho
adwuma

pokladní

obi a wɔhwɛ sika so

florista

obi a wotɔn nhwiren

kadeřník

obi a wɔyɛ tire

průvodčí

deɛ wɔgyegye sika wɔ
ɛhyɛn mu

mechanik

obi a wɔsiesie ɛhyɛn

kapitán

panin

zubař

dɔkota a wɔhwɛ se

vědec

abodeɛmu nyasapɛni

rabín

ɔkyerɛkyerɛni

imám

imam

mnich

monk

duchovní

sofo

nářadí
akadeɛ

kleště
playa
kladivo
hama
šroubovák
adeɛ wɔde tutu mfidie
kapesní svítilna
kanea
klíč
spana

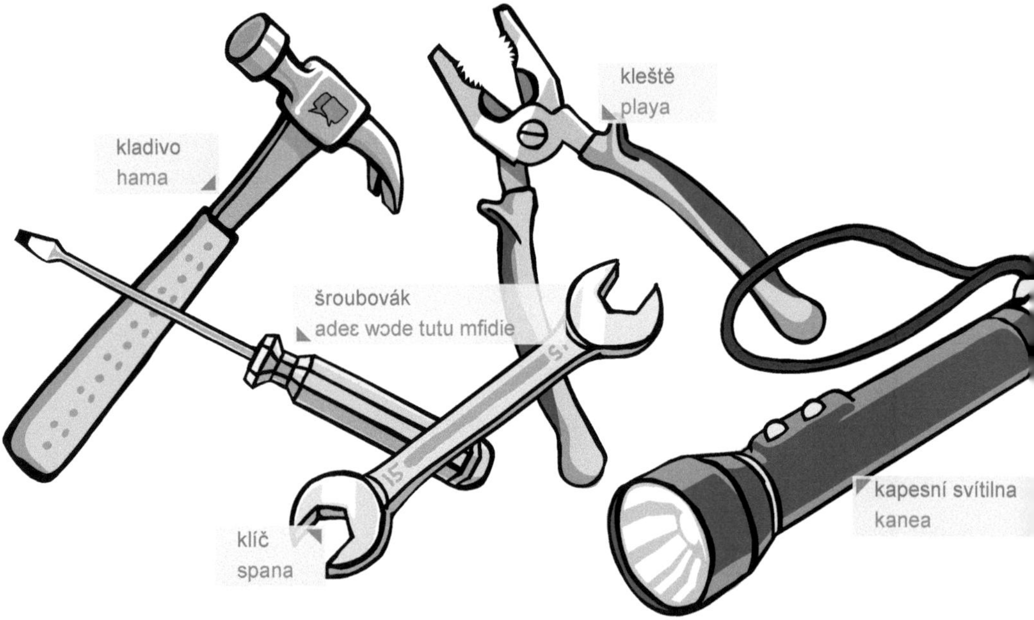

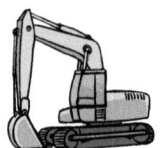

bagr

afidie a wɔde tu fam

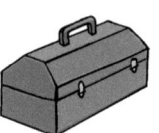

skříň na nářadí

adaka a wɔde nnɔma a wɔde yɛ adwuma gu mu

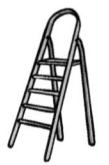

žebřík

atwedeɛ

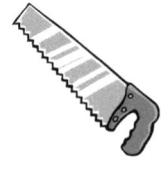

pila

sradaa

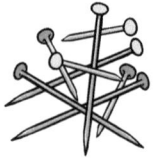

hřebíky

nnadowa

vrtačka

afidie a wɔde mmia nnɔma mu

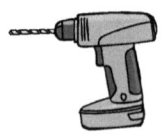

opravit

siesie

lopata

sɔfi

Kurva!

Yieee!

lopatka

asesa nwura

vědroé na barvu

akaado kora

šrouby

dadeɛ wɔde bobɔ nnoɔma mu

hudební nástroje

mfidie a wɔde bɔ nnwom

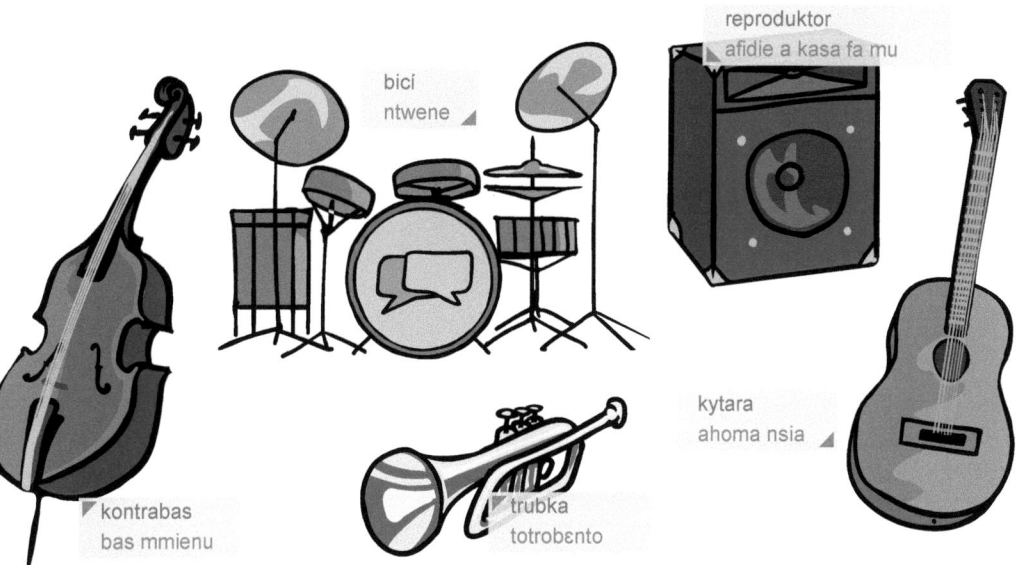

reproduktor
afidie a kasa fa mu

bicí
ntwene

kontrabas
bas mmienu

trubka
totrobɛnto

kytara
ahoma nsia

klavír	housle	basa
sankuo	sankuo	ahoma nsia

tympán	bubny	keyboard
timpani	ntwene	sankuo

saxofon	flétna	mikrofon
sasofon	trobɛnto	akasanoma

zoo

mmoakurabea

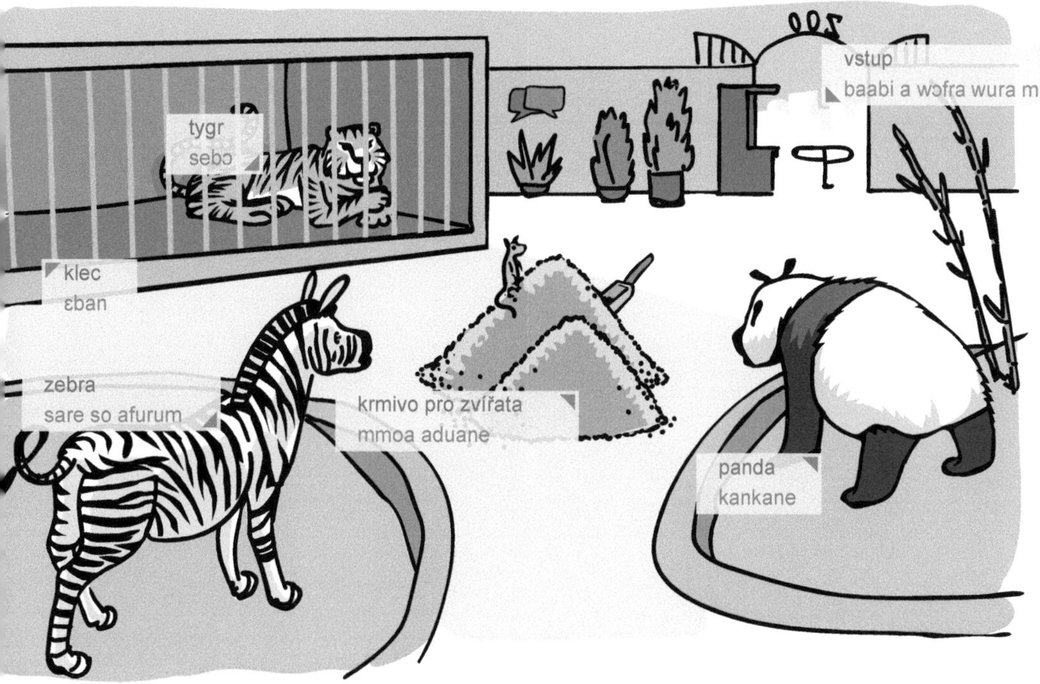

vstup
baabi a wɔfra wura mu
tygr
sebɔ
klec
ɛban
zebra
sare so afurum
krmivo pro zvířata
mmoa aduane
panda
kankane

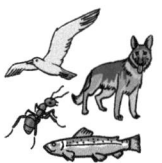

zvířata
mmoa

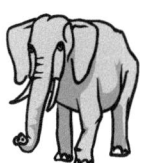

slon
ɔsono

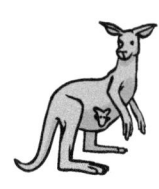

klokan
kangaroo

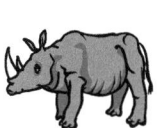

nosorožec
bɛnkorɔ

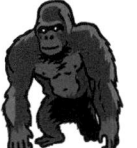

gorila
akaatia

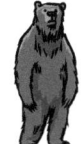

medvěd
sisire

velbloud

yoma

pštros

sohori

lev

gyata

opice

kontromfi

plameňák

asukɔnkɔn

papoušek

ako

lední medvěd

sisire

tučňák

penguin

žralok

oboodede

páv

kohaa

had

ɔwɔ

krokodýl

dɛnkyɛm

ošetřovatel zvířat

mmoasohwɛfo

tuleň

sukraman

jaguár

sebɔ

poník

ponkɔ ketewa

leopard

etwie

hroch

susono

žirafa

kɔntenten

orel

ɔkɔdeɛ

divoké prase

kɔkɔte

ryby

nsuomunam

želva

sudanda

mrož

sukraman

liška

sakraman

gazela

adowa

americký fotbal
Amerika bɔɔlo

cyklistika
dadeponkɔ twie akansie

tenis
tɛnɛs

košíková
baskɛtbɔɔlo

plavání
nsuo dwareɛ

box
akutrukubɔ

lední hokej
hɔki a wobɔ no wɔ asukɔ

kopaná	badminton	lehká atletika
bɔɔlo	badminton	mmirikatuo

házená	běh na lyžích	vodní pólo
nsa bɔɔlo	asukɔtwea so agorɔ	polo

smát se
sre

skočit
huri

objímat
fam

jít
nante

zpívat
to nwom

snít
so daeɛ

modlit se
bɔ mpaeɛ

políbit
fe ano

psát
twerɛ

kreslit
dwidwi

ukazovat
kyerɛ

tlačit
pia

dát
ma

vzít si
fa

mít

gye

dělat

yɛ

být

yɛ

stát

gyina

běhat

tu mirika

táhnout

twe

hodit

tɔ

padat

tɔ fam

ležet

twa ntorɔ

čekat

twɛn

nosit

soa

sedět

tena ase

oblékat

hyɛ atadeɛ

spát

da

vzbudit se

sɔre

prohlédnout si

hwɛ

plakat

su

pohladit

fa wo nsa fefa ho

česat

nunu wotirim

hovořit

kasa

rozumět

te aseɛ

ptát se

bisa

slyšet

tie

pít

nom

jíst

didi

uklidit

siesie

milovat

dɔ

vařit

noa

jet

ka kaa

letět

tu

plachtit

ka

počítat

bo ho nkonta

číst

kan

učit se

sua

pracovat

yɛ adwuma

vzít si

ware

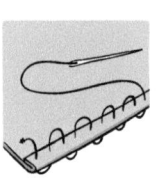

šít

pam

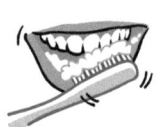

čistit si zuby

twitwi wo se

zabít

kum

kouřit

hye

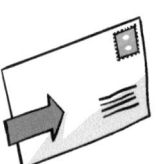

poslat

soma

rodina
abusua

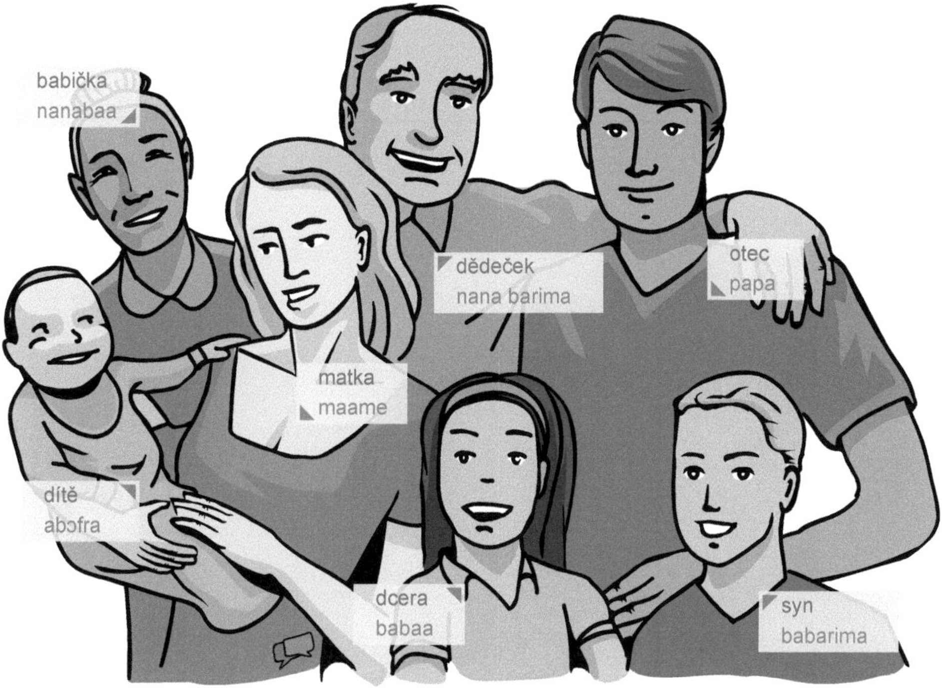
babička
nanabaa
dědeček
nana barima
otec
papa
matka
maame
dítě
abɔfra
dcera
babaa
syn
babarima

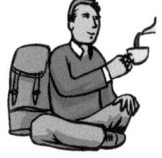

host

ɔhɔhoɔ

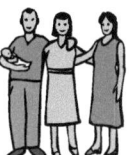

teta

sewaa

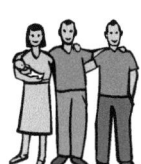

strýc

wɔfa

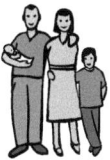

bratr

nua barima

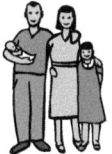

sestra

nuabaa

tělo
nipadua

čelo
moma
oko
ani
rameno
abatire
prst
nsatea
obličej
anim
brada
abodweɛ
ruka
nsa
dolní končetina
nan
hruď
nufuoɔ
paže
abasa

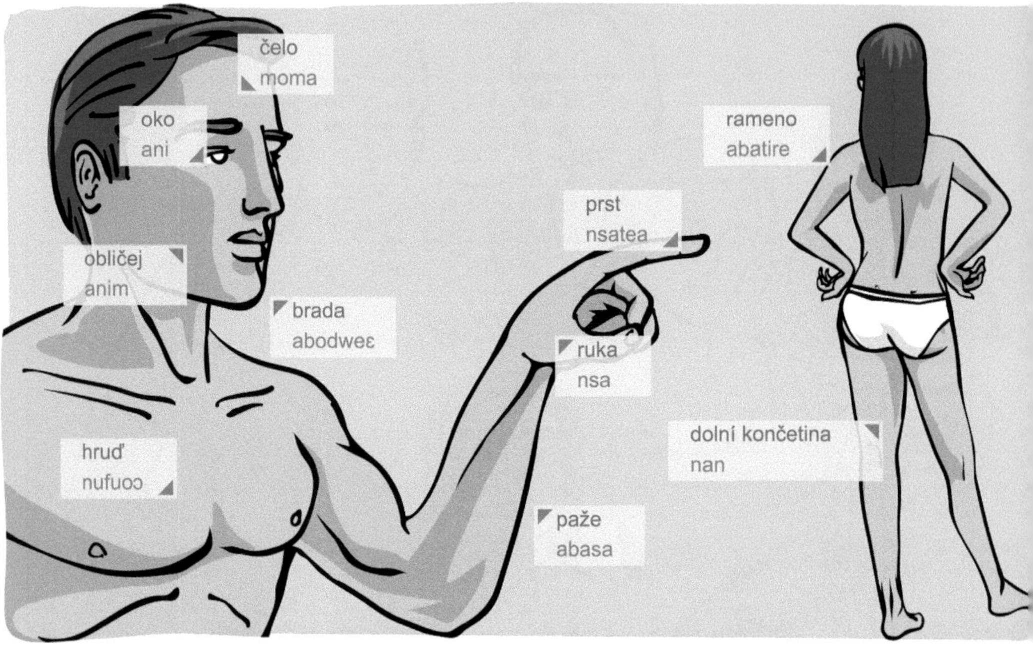

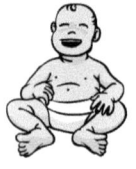

dítě
abɔfra

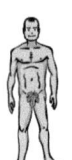

muž
barima

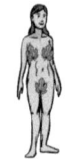

žena
ɔbaa

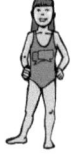

dívka
abaayewa

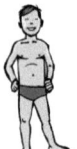

chlapec
abarimaa

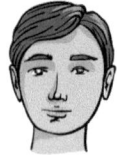

hlava
ɛtire

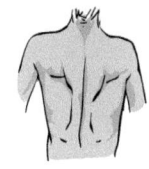

záda

akyi

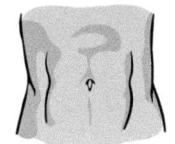

břicho

yafunu

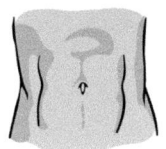

pupík

furuma

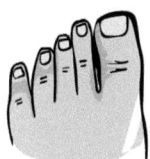

prst na noze

nansoa

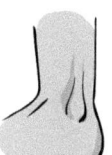

pata

nantini

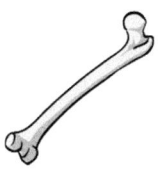

kost

dompe

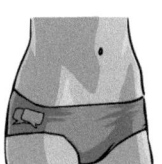

bok

sisi

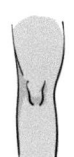

koleno

kotodwe

loket

abatwerɛ

nos

hwene

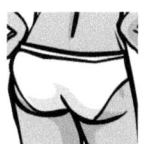

zadek

ɛtoɔ

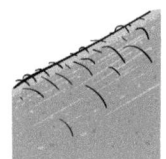

kůže

wedeɛ

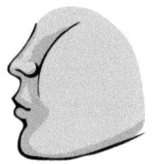

tvář

afono

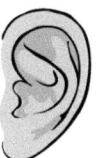

ucho

aso

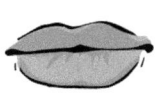

ret

ano

ústa

ano

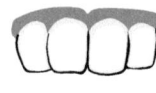

zub

ɛse

jazyk

tɛkyerɛma

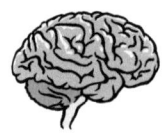

mozek

adwene

srdce

akoma

sval

honam

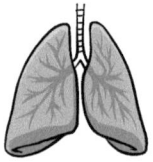

plíce

ahrawa

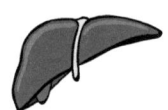

játra

brɛbɔɔ

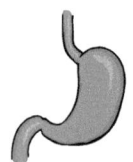

žaludek

afuro

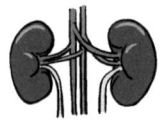

ledviny

sawa

pohlavní styk

barima ne ɔbaa nna mu
nhyiamu

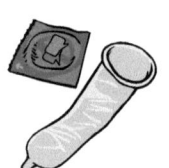

kondom

kɔndɔm

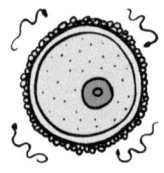

vajíčko

nkosua a ɛwɔ obaa mu

sperma

barima ho nsuo

těhotenství

nyinsɛn

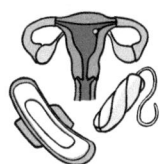

menstruace

brayɔ

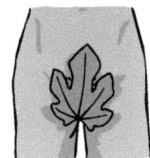

vagina

ɛtwɛ

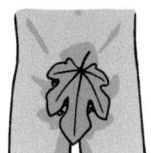

penis

koteɛ

obočí

aniakyi nwii

vlasy

nwii

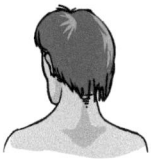

krk

kɔn

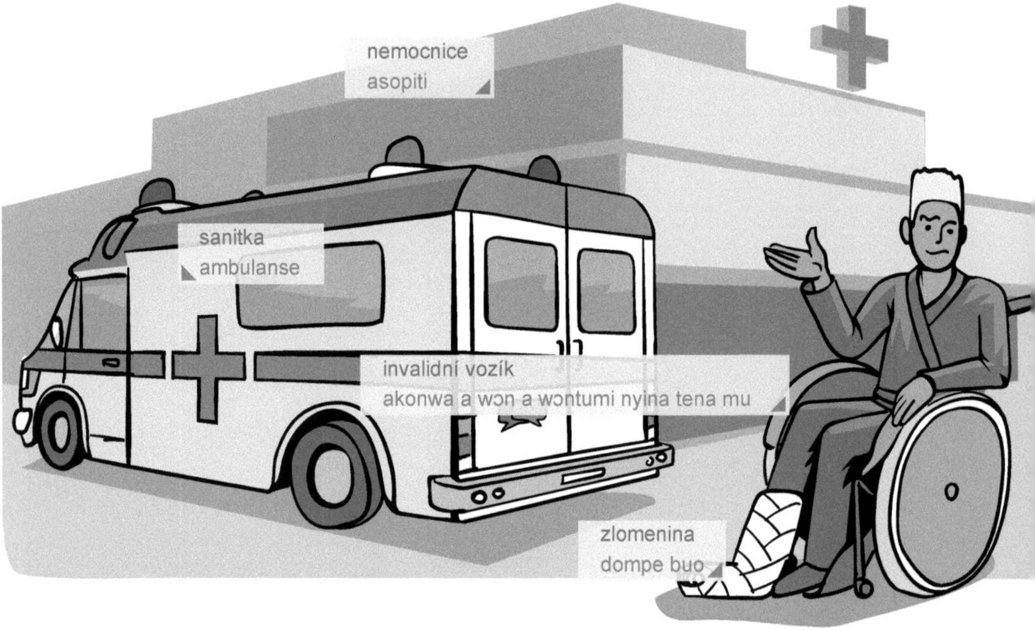

nemocnice
asopiti

sanitka
ambulanse

invalidní vozík
akonwa a wɔn a wɔntumi nyina tena mu

zlomenina
dompe buo

lékař

dɔkota

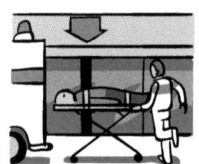

pohotovost

ɛdan a wode wɔn a wɔn
apira kɔ mu kɔhwɛ wɔn
ɔhare so

zdravotní sestra

nɛɛse

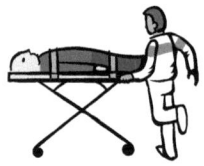

urgentní případ

putupru

v bezvědomí

fenti

bolest

yaw

úraz

pira

krvácení

mogyatuo

infarkt myokardu

akoma yareɛ

cévní mozková příhoda

nwodwɔɔ yareɛ

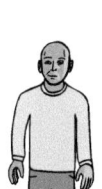

alergie

adeɛ wo honam mpɛ

kašel

ɛwa

horečka

ahoɔhyeɛ

chřipka

papu

průjem

ayɛmhwie

bolest hlavy

tiripayɛ

rakovina

kokoram

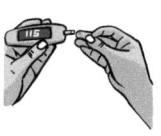

cukrovka

asikyire yareɛ

chirurg

dɔkotani wɔpaepae obi sa
no yareɛ

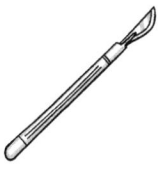

skalpel

sekamma

operace

repaepae obi ho asa no
yareɛ

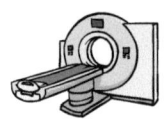

CT

CT

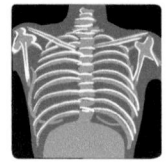

rentgen

x-ray

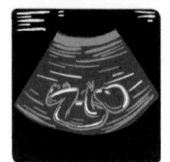

ultrazvuk

mfonin a wɔtwa de hwɛ awodeɛ mu

maska

anim nkatadeɛ

nemoc

yareɛ

čekárna

dan aa yɛtwɛn wɔ mu

berle

klɔkye

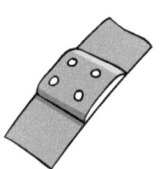

náplast

plasta

obvaz

bandege

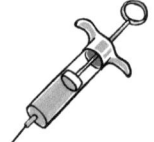

injekce

paneɛ

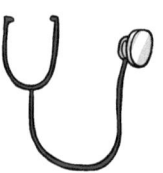

stetoskop

afidie a wɔde tie dede wɔ nnipa ho

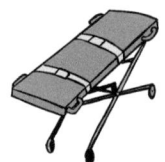

nosítka

mpa

teploměr

afidie wɔde hwɛ ahoɔhyeɛ

porod

awoɔ

nadváha

kɛseyɛ mmorosoɔ

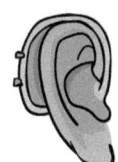

naslouchátko

afidie a ɛboa ma obi te
asɛm yie

dezinfekční prostředek

aduro a wɔde ko tia
yaremmoa bateria

infekce

yareɛ nsaeɛ

virus

yaremmoawa

HIV / AIDS

HIV / AIDS

lékařství

aduro

očkování

nsianoaduru paneɛwɔ

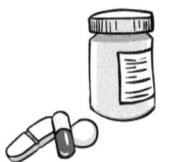

tablety

nnuro a wɔmene

pilulka

aduro a wɔmene

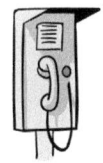

tísňové volání

putupru frɛ

tonometr

afidie a wɔde hwɛ sɛdeɛ
mogya di aforosane

nemocný / zdravý

yareɛ / ahuɔden

Pomoc!

Boa me!

poplach

alam

přepadení

repira obi

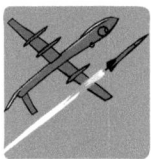

napadení

to hyɛ biribi so

nebezpečí

amaneɛ

nouzový východ

kwan a wɔfa so pue berɛ
asɛm asi putupuru

Hoří!

Egya!

hasicí přístroj

adeɛ a wɔde dum gya

nehoda

akwanhyia

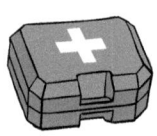

zdravotnická brašna

mmoa a edikan akadeɛ

SOS

SOS

policie

polisi

Evropa

Europe

Severní Amerika

North America

Jižní Amerika

South America

Afrika

Afriʊa

Asie

Asia

Austrálie

Australia

Atlantik

Atlantic

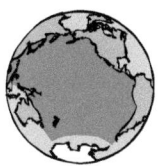

Pacifik

Pacific

Indický oceán

Indian Ocean

Jižní ledový oceán

Antartic Ocean

Severní ledový oceán

Arctic Ocean

severní pól

North Pole

jižní pól

South Pole

Antarktida

Atartica

země

Ewiase

pevnina

asaase

moře

ɛpo

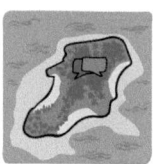

ostrov

ɛpoano

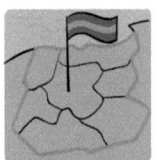

národ

ɔman

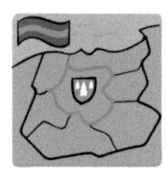

stát

ɔman

ciferník

mmerε kyerεfɔɔ no anim

hodinová ručička

dɔnhwere nsa

minutová ručička

sima nsa

vteřinová ručička

anitεtε nsa

Kolik je hodin?

Abɔ sεn?

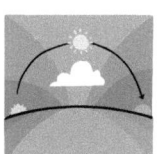

den

da

čas

mmerε

teď

seisei ara

digitální hodinky

abεεfo mmerε kyerεfɔɔ

minuta

sima

hodina

dɔnhwere

týden

nnawɔtwe

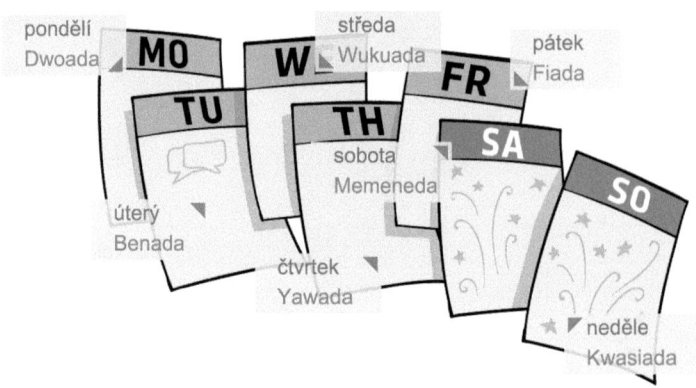

pondělí Dwoada — MO
středa Wukuada — W
pátek Fiada — FR
úterý Benada — TU
čtvrtek Yawada — TH
sobota Memeneda — SA
neděle Kwasiada — SO

včera
ɛnora

dnes
nnɛ

zítra
ɔkyena

ráno
anɔpa

poledne
awia

večer
anwummerɛ

MO	TU	WE	TH	FR	SA	SU
1	2	3	4	5	6	7
8	9	10	11	12	13	14
15	16	17	18	19	20	21
22	23	24	25	26	27	28
29	30	31	1	2	3	4

pracovní dny

adwuma nna

MO	TU	WE	TH	FR	SA	SU
1	2	3	4	5	6	7
8	9	10	11	12	13	14
15	16	17	18	19	20	21
22	23	24	25	26	27	28
29	30	31	1	2	3	4

víkend

nnawɔtwe awieɛ

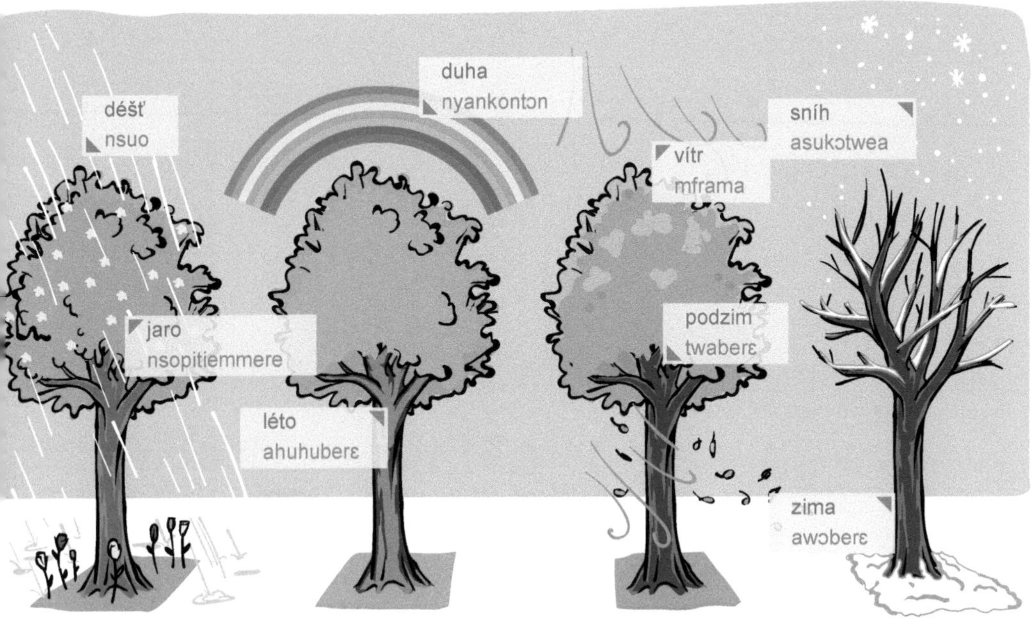

déšť
nsuo
duha
nyankontɔn
vítr
mframa
sníh
asukɔtwea
jaro
nsopitiemmere
podzim
twaberɛ
léto
ahuhuberɛ
zima
awɔberɛ

4.APRIL 11°
5.APRIL 4°
6.APRIL 13°
7.APRIL 8°
8.APRIL 10°

předpověď počasí

ewiemu nsesaeɛ

F C
120 40
90 30
60 20
30 10
0 0
-30 -10
-20

teploměr

afidie a wɔde hwɛ ahoɔhyeɛ

sluneční svit

awiabɔ

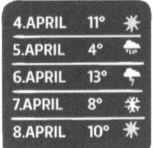

mrak

munumkum

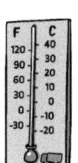

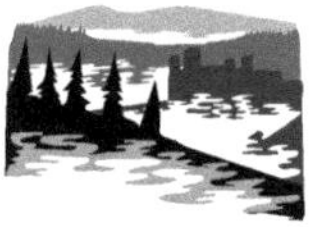

mlha

ɛbɔ

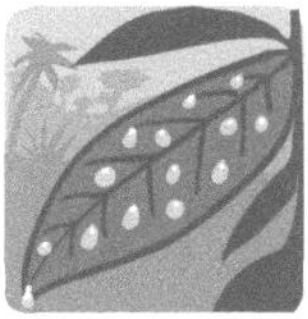

vlhkost

nsuo a ɛwɔ mframa mu

blesk

ayerɛmo

hrom

agradaa

bouřka

nsuden ne mframa

kroupy

sukɔtwea

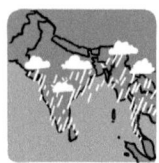

monzun

mframa a ɛde nsuo ba

povodeň

nsuyiri

led

asukɔtwea

leden

☐pɛpɔn

únor

☐gyefoɔ

březen

☐bɛnem

duben

Oforisuo

květen

Kotonimaa

červen

Ayɛwohumumɔ

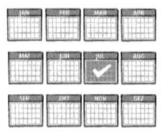

červenec

Kitawonsa

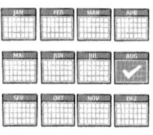

srpen

☐sanaa

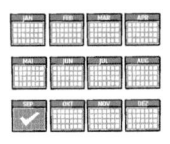

září
....
ɛbɔ

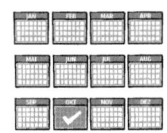

říjen
....
Ahinime

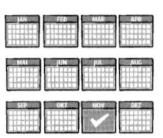

listopad
....
Obubuo

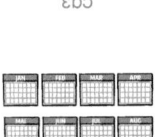

prosinec
....
☐pɛnimaa

tvary
bɔbea

kruh
....
kanko

čtverec
....
ahenanan

obdélník
....
fasene

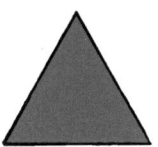

trojúhelník
....
ahinasa

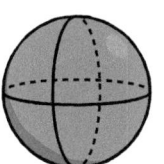

koule
....
kanko

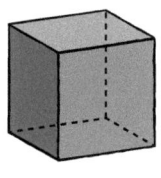

krychle
....
ahenanan

bílá

fitaa

žlutá

akokɔsradeɛ

oranžová

akokɔsradeɛ

růžová

memen

červená

kɔkɔɔ

fialová

beredum

modrá

bibire

zelená

ahabanmono

hnědá

dodoeɛ

šedá

nson

černá

tuntum

hodně / málo

bebree / ketewa

rozzuřený / mírumilovný

abufuo / brɛo

krásný / ošklivý

fɛfɛɛfɛ / tantantan

začátek / konec

ahyɛaseɛ / awieɛ

velký / malý

kɛseɛ / ketewa

světlý / tmavý

ɛhyerɛ / ɛdum

bratr / sestra

nua barima / nuabaa

čistý / špinavý

ɛho te / ɛfi

úplný / neúplný

wawie / onwieeyɛ

den / noc

anopa / anadwo

mrtvý / živý

wawu / ɔtease

široký / úzký

emu bue/emu mmueɛ

jedlý / nejedlý

yetumi di / yentumi nni

zlý / hodný

bɔne / papa

vzrušený / znuděný

anigyeɛ / w'ani nka

tlustý / hubený

kɛseɛ / hwea

nejdříve / naposledy

di kan / ka akyi

přítel / nepřítel

adanfo / atanfo

plný / prázdný

ayɛ ma / hwee nnimu

tvrdý / měkký

dendenden / mrɛmrɛmrɛ

těžký / lehký

emu ye duru / emu yɛ ha

hlad / žízeň

ɛkɔm / nsukɔm

nemocný / zdravý

yareɛ / ahuɔden

ilegální / legální

ɛnfa mmrakwanso /
mmrakwanso

inteligentní / hloupý

nimdifo / gyimifo

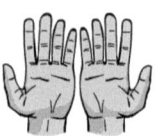

vlevo / vpravo

benkum / nifa

blízko / daleko

ɛbɛn / ɛmu ware

nový / použitý

foforo / dada

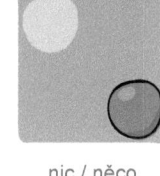

nic / něco

ɛnyɛ hwee / biribi

starý / mladý

panyin / abɔfra

zapnutý / vypnutý

sɔ / dum

otevřeno / zavřeno

bue / yatom

tichý / hlasitý

dinn / dede

bohatý / chudý

sikani / ohiani

správný / špatný

papa / bɔne

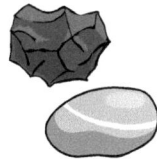

drsný / hladký

wewerɛwewerɛ / tromtrom

smutný / šťastný

awerehoɔ / anigye

krátký / dlouhý

tiatia / tentene

pomalý / rychlý

brɛoo / ntɛm

vlhký / suchý

afɔ / awo

teplý / chladný

ɛyɛ hye / adwo

válka / mír

ntɔkwa / asomdwoe

0	**1**	**2**
nula	jedna	dva
ohunu	baako	mmienu

3	**4**	**5**
tři	čtyři	pět
mmiensa	nan	num

6	**7**	**8**
šest	sedm	osm
nsia	nson	nwɔtwe

9	**10**	**11**
devět	deset	jedenáct
nkron	du	du-baako

12

dvanáct

du-mmienu

13

třináct

du-mmiensa

14

čtrnáct

du-nan

15

patnáct

du-num

16

šestnáct

du-nsia

17

sedmnáct

du-nson

18

osmnáct

du-nwɔtwe

19

devatenáct

du-nkron

20

dvacet

aduonu

100

sto

ɔha

1.000

tisíc

apem

1.000.000

milion

ɔpepe

angličtina

Brofo kasa

americká angličtina

Amerika Brɔfo

standardní čínština

Chinese Mandarin

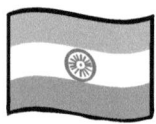

hindština

Hindi

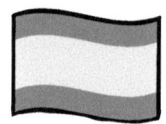

španělština

Spanish

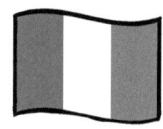

francouzština

French

arabština

Arabic

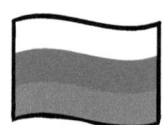

ruština

Russian

portugalština

Portuguese

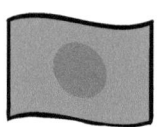

bengálština

Bengali

němčina

German

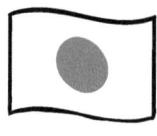

japonština

Japanese

já

me

ty

wo

on / ona / ono

ɔno

my

yɛn

vy

wo

oni

wɔn

Kdo?

hwan?

Co?

aden?

Jak?

sɛn?

Kde?

ɛhefa?

Kdy?

dabɛn?

jméno

din

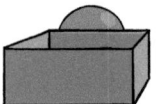

za
n'akyi

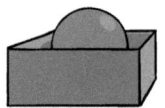

do
ɛmu

z
wɔ n'anim

nad
soro

na
so

mezi
aseɛ

vedle
nkyene

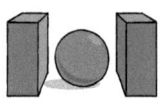

mezi
ntam

místo
fa hyɛ